Enterprise agility - pocketguide

AF090715

Andere uitgaven bij Van Haren Publishing

Van Haren Publishing (VHP) is gespecialiseerd in uitgaven over Best Practices, methodes en standaarden op het gebied van de volgende domeinen:
- IT en IT-management;
- Enterprise-architectuur;
- Projectmanagement;
- Businessmanagement.

Deze uitgaven zijn beschikbaar in meerdere talen en maken deel uit van toonaangevende series, zoals *Best Practice, The Open Group series, Project management* en *PM series.*

Van Haren Publishing is tevens de uitgever voor toonaangevende instellingen en bedrijven, onder andere: Agile Consortium, CA, Centre Henri Tudor, CM Partners, Gaming Works, IACCM, IAOP, IPMA-NL, ITSqc, NAF, KNVI, PMI-NL, PON, The Open Group, The SOX Institute.

Onderwerpen per domein zijn:

IT en IT-management	Enterprise-architectuur	Businessmanagement
ABC of ICT	ArchiMate®	*BABOK® Guide*
ASL®	BIAN	BiSL® en BiSL® Next
CMMI®	GEA®	BRMBOK™
COBIT®	Novius Architectuur Methode	BTF
e-CF	TOGAF®	CATS CM®
ISM		DID®
ISO/IEC 20000	**Projectmanagement**	EFQM
ISO/IEC 27001/27002	A4-Projectmanagement	eSCM
ISPL	DSDM/Atern	FSM
IT4IT®	ICB / NCB	IACCM
IT-CMF™	ISO 21500	ISA-95
IT Service CMM	MINCE®	ISO 9000/9001
ITIL®	M_o_R®	OBM
MOF	MSP®	OPBOK
MSF	P3O®	RASCI-methode™
SABSA	*PMBOK® Guide*	SixSigma
SAF	Praxis®	SOX
SIAM™	PRINCE2®	SqEME®
TRIM		
VeriSM		
XLA®		

Voor een compleet overzicht van alle uitgaven, ga naar onze website: www.vanharen.net

Enterprise agility
Pocketguide

Marco de Jong en Femke Hille

Colofon

Titel:	Enterprise agility - pocketguide
Auteurs:	Marco de Jong en Femke Hille
Uitgever:	Van Haren Publishing, 's-Hertogenbosch, www.vanharen.net
DTP&omslagontwerp:	Coco Bookmedia, Amersfoort - NL
NUR code:	801, 982
ISBN Hard copy:	978 94 018 1098 2
ISBN eBook (pdf):	978 94 018 1099 9
ISBN ePub:	978 94 018 1100 2
Druk:	Eerste druk, eerste oplage, november 2023
Copyright:	© Van Haren Publishing, 2023

Voor verdere informatie over Van Haren Publishing, e-mail naar: info@vanharen.net.
Niets uit deze uitgave mag worden verveelvoudigd en/of openbaar gemaakt door middel van druk, fotokopie, microfilm, of op welke wijze ook, zonder voorafgaande schriftelijke toestemming van de uitgever.
No part of this publication may be reproduced in any form by print, photo print, microfilm or any other means without written permission by the publisher.
Hoewel deze uitgave met veel zorg is samengesteld, aanvaarden auteur(s) noch uitgever enige aansprakelijkheid voor schade ontstaan door eventuele fouten en/of onvolkomenheden in deze uitgave.

Trademark notices
BiSL® is a registered trademark of ASL BiSL Foundation.
ITIL®, MSP® and PRINCE2® are registered trademarks of AXELOS Limited.
DSDM® is a registred trademark of Agile Business Consortium.
LeSS (Large-Scale Scrum), is a trademark of The LeSS Company B.V.
SAFe® (Scaled Agile Framework ®) is a registred trademark of Scaled Agile Inc.
TOGAF® is a registred trademark of The Open Group.

Introductie

Deze pocketguide is ontwikkeld om meer focus te leggen op de essentie van het boek *Enterprise agility - Een effectieve transformatie op basis van principes en practices* (ISBN 978 94 018 0880 4, Van Haren Publishing). Met deze pocketguide bieden wij u de essentiële vragen waarmee u in staat wordt gesteld om de theorie in uw eigen praktijk te onderzoeken en deze toe te passen. De vragen in deze pocketguide zullen afwisselend makkelijk of moeilijk te beantwoorden zijn. De meeste waarde zit in het formuleren van praktische antwoorden op de moeilijke vragen. Daar waar het beantwoorden u moeilijk afgaat, vinden de mensen die betrokken zijn bij het succes van de transformatie het beantwoorden vaak net zo moeilijk. De gevonden antwoorden helpen! We hopen u handvatten te bieden om bij uzelf en anderen inzichten te ontwikkelen die noodzakelijk zijn voor het creëren van een snelle, wendbare organisatie.

In het 'grote' boek beschrijven wij in detail wat het betekent om daadwerkelijk te transformeren naar een organisatie met een hoge mate van enterprise agility. Wat is enterprise agility? Kort gezegd is dit een staat van lenigheid en behendigheid waarmee een organisatie het vermogen heeft om te reageren op veranderingen. Met deze uitleg is de mate van enterprise agility uiteindelijk een kenmerk van een organisatie en niet een doel op zich. Enterprise agility is een organisatorisch middel waarmee u in staat bent om snel en wendbaar in te spelen op alle mogelijke veranderingen in uw omgeving. Doordat u in staat bent om direct in te spelen op de wensen van uw klanten kunt u hen continu voorzien van de meest waardevolle diensten en / of producten.

In dit boek wordt onderscheid gemaakt tussen diensten en producten die de organisatie aan haar klanten en partners levert, en de IV-diensten en IV-producten die noodzakelijk zijn om de eerdergenoemde diensten en producten te kunnen leveren. Een dienst wordt daarbij gezien als een transactie waarbij een niet-fysieke waarde wordt geleverd. Een product wordt daarbij gezien als een tastbare zaak die een bepaalde waarde vertegenwoordigd. Binnen de IV-organisatie kennen we daarnaast ook nog (IV-)applicaties waarmee specifieke computerprogramma's worden bedoeld die ontwikkeld zijn voor het uitvoeren van een specifieke taak. Eén of meerdere applicaties tezamen worden vaak gebruikt om de dienst of het product te leveren.

In de afgelopen jaren zagen we dat organisaties het doel en de onderliggende principes van het agile en Lean gedachtegoed steeds meer uit het oog hebben verloren. Gedreven door de urgentie waarmee de enterprise agility moet worden ontwikkeld, hebben zij zich laten verleiden tot het implementeren van een scala aan rituelen, regels en best practices. Met deze oppervlakkige vorm van implementatie wordt volgens ons voorbijgegaan aan het fundamentele gedachtegoed en de basale principes die deze organisaties in staat stellen optimaal te functioneren in een steeds sneller veranderende wereld. Met deze pocketguide willen wij bijdragen aan het beter toegankelijk maken en het helpen begrijpen van de betekenis van enterprise agility. Op veler verzoek geven we daarom de essentie van het 'grote' gedetailleerde boek in deze pocketguide. Met een geconcentreerde samenvatting, aangevuld met vragen, patronen, anti-patronen en tips, wordt de essentie van ieder hoofdstuk weergegeven.

Wij willen onze teamgenoten Stefan Brouwer, Chiel van Ewijk, Kevin Hoogerheide, Filip de Kort, Stefan Kennedie, Rob Kobussen en Ken Soedira en Nina Verlaek bedanken voor hun bijdrage aan de essentiële vragen en (anti-)patronen waarmee de juiste inzichten worden ontwikkeld. Wij bedanken Jurjen de Groot als één van de grondleggers van het Scaling Agile @ Nationale Politie model en Alrik Hiemstra voor de onderliggende visuele stijl van dit model.

Inhoudsopgave

DEEL A De principes van enterprise agility

1	De noodzaak van enterprise agility	13
2	De juiste aanpak bij het juiste probleem	17
3	Het principe van sneller leren	21
4	Het principe van eigenaarschap	26
5	Het principe van zelforganisatie	30
6	Het principe van een heldere richting	35
7	Het principe van duidelijke kaders	40

DEEL B Agility op het niveau van het team

8	De noodzaak van agility op teamniveau	47
9	Het creëren van een product roadmap	51
10	Het managen van een productplan	55
11	Het ontwikkelen volgens Scrum of Kanban	59
12	Het beschikbaar stellen volgens DevOps	64
13	Het valideren van geleverde waarde	69

DEEL C Agility op het niveau van het cluster

14	De noodzaak van cluster agility	77
15	De mogelijkheden om meerdere teams te structureren	81
16	De opzet en werking van agility op het niveau van een cluster	86

17	Het direct ondersteunen van de primaire flow: support teams	91
18	Het indirect ondersteunen van de primaire flow: CMT	96

DEEL D Agility op het niveau van de informatievoorziening

19	De noodzaak van IV agility	103
20	De mogelijkheden om meerdere clusters te structureren	107
21	De opzet en werking van IV agility	112
22	Het verhogen van de voorspelbaarheid van het portfolioproces	117
23	Het direct ondersteunen van de primaire flow: PST	122
24	Het indirect ondersteunen van de primaire flow: enabling services	127

Deel E Agility op het niveau van de business

25	De noodzaak voor business agility	135
26	Een effectieve samenwerking tussen business en IV	139
27	De opzet en werking van agility op het niveau van de business	144
28	Snel en wendbaar samenwerken via programma's en projecten	150
29	Snel en wendbaar samenwerken via de lijnorganisatie	155
30	Het direct ondersteunen van alle flows: agile leadership	160
31	Het indirect ondersteunen van alle flows: business support	165

DEEL F Het management van de transformatie

32	De noodzaak van transformatiemanagement	173
33	Het verschil tussen agile doen en agile zijn	178
34	Een effectieve veranderaanpak	183
35	Een effectieve veranderorganisatie	188
36	Het direct ondersteunen: coaching community	193
37	Het indirect ondersteunen: learning community	198

DEEL A
De principes van enterprise agility

Deel A van deze pocketguide gaat in op de noodzaak van enterprise agility, wanneer agility wel en niet van belang is en de vijf essentiële principes die de basis zijn van enterprise agility binnen de organisatie. Deze principes vormen het fundament van de gehele wijze waarop agility binnen de organisatie wordt opgeschaald vanaf een enkel team tot en met de gehele organisatie. Dit deel geeft inzicht op hoe je op basis van de principes van enterprise agility de mogelijke oplossingen voor uitdagingen die optreden bij het opschalen van voortbrengingsketen naar een hoger niveau kan toetsen op effectiviteit. Hiermee borgen we dat de snelheid en wendbaarheid die zichtbaar is met een enkel team, niet tot nauwelijks wordt beperkt wanneer we het succes van agility opschalen tot die van de gehele organisatie.

1 De noodzaak van enterprise agility

Is enterprise agility een noodzaak? Wij denken van wel. De snelheid waarmee de wereld verandert neemt steeds sneller toe en raakt in deze tijd alle organisaties. De verregaande globalisatie zorgt ervoor dat het speelveld van de concurrentie steeds verder toeneemt en de potentiële markt groter en aantrekkelijker is. Technologische ontwikkelingen volgen elkaar in een steeds hoger tempo op. Nieuwe generaties als Y en Z zijn gevoelig voor klantwaarde, wat ten koste van klantloyaliteit gaat. De digitalisering van producten en diensten zorgt ervoor dat startups sneller kunnen toetreden tot de van oudsher moeilijk te bereiken markten. Daarmee is het 'zijn' van een lerende organisatie noodzakelijk om te kunnen overleven in deze nieuwe wereld. Het ontwikkelen van enterprise agility is randvoorwaardelijk om als organisatie relevant te blijven.

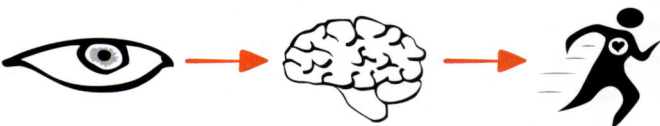

Als we terugkijken in de geschiedenis (periode 2005-2010) dan zien we dat door organisaties serieuze pogingen zijn ondernomen om, naast het vergroten van lokale snelheid en wendbaarheid bij enkele teams, vooral de snelheid en wendbaarheid van de gehele voortbrengingsketens te vergroten. Onvoldoende begrip van de onderliggende principes van enterprise agility heeft daarbij vaak geleid tot enkel en alleen een lokale optimalisatie, met een grote kans op anti-patronen binnen de organisatiestructuur. Wat u dan waarneemt is een achterblijvend rendement op het niveau van de organisatie. Daarom is het van groot belang dat op alle niveaus de essentiële principes van enterprise agility bekend zijn en actief worden toegepast tijdens het maken van organisatorische keuzes.

■ DE BELANGRIJKSTE VRAGEN OM UZELF TE STELLEN
- Is uw organisatie voldoende in staat om de belangrijkste technische en maatschappelijke ontwikkelingen te onderkennen en daar snel en wendbaar op in te spelen?
- Wat is voor uw organisatie de noodzaak om te gaan veranderen en wat zijn de consequenties wanneer u de verandering langdurig uitstelt?
- In hoeverre heeft u te maken met (snel) veranderende wet- en regelgeving en wordt deze proactief opgenomen in de ontwikkeling van uw producten en diensten?
- Is een transformatie voor het verhogen van enterprise agility een organisatieprioriteit?

■ HERKENBARE PATRONEN
- Organisaties hebben een duidelijk beeld van hun omgeving: de zogenaamde *situational awareness*. Zij weten wat er speelt als het gaat om de ontwikkelingen in de markt, de behoefte vanuit klanten, het integreren van wet- en regelgeving en de continue stroom van technologische mogelijkheden.

- Organisaties, als geheel, hebben het vermogen om snel en wendbaar te kunnen reageren op veranderingen in de markt en hun omgeving, de zogenaamde enterprise agility.
- Organisaties hebben het vermogen om zichzelf op alle niveaus continu en in kleine stappen te ontwikkelen. Dit vermogen zorgt ervoor dat niet alleen de producten, maar ook de organisatie als geheel optimaal georganiseerd blijft om de uitdagingen van morgen goed aan te kunnen gaan.

■ HERKENBARE ANTI-PATRONEN

- De focus van de organisatie als geheel wordt ingericht op 'uitvoeren' in plaats van 'leren', waardoor complexe en trage voortbrengingsketens ontstaan.
- Het in 'een bubbel' ontwikkelen van een eigen visie, missie, strategie en doelstellingen, waarbij externe effecten en ontwikkelingen worden genegeerd of gebagatelliseerd.
- Het hanteren van een strategie op basis van klantloyaliteit in plaats van een strategie op basis van klantwaarde.
- Een mindset waarin vertrouwen op 'Als je doet wat je altijd deed, dan krijg je wat je altijd kreeg' ervoor zorgt dat de status quo binnen de organisatie gehandhaafd blijft.
- Ontwikkelingen worden te veel beschouwd vanuit één viewpoint. Ontwikkelingen in de markt, klanten, technologie, wet- en regelgeving worden niet in samenhang tot elkaar beschouwd.

■ TIPS 'N TRICKS

- Zorg dat de organisatie zich als geheel meer gaat focussen op leren in plaats van reageren. Scheid daarbij het organisatorische vermogen 'Het kunnen zien wat er op je afkomt' van het vermogen 'Het kunnen reageren op wat er op je afkomt'.

- Start met wat er nodig is voor jouw eigen organisatie om een lerende organisatie te worden, in plaats van het implementeren van een in de markt aanwezige kant en klare oplossing.
- Kijk eens naar de Innovation Game® 'My Worst Nightmare' of 'Remember the future'.
- Laat daadwerkelijk klanten, marktpartijen, technologie visionairs en kaderstellende instanties aansluiten bij jouw visie- en strategie-workshops.

2 De juiste aanpak bij het juiste probleem

Eén van de meest voorkomende fouten binnen enterprise agility is de veronderstelling dat u alles op basis van snelheid en wendbaarheid wilt gaan organiseren. Agile, Scrum en Kanban zijn dan magische formules waarmee alle problemen in korte tijd zouden moeten worden opgelost. PRINCE2, ITIL en MSP zouden in dat geval hopeloos achterhaald zijn en ongeschikt voor alle IV-ontwikkelingen na de industriële revolutie. Alle hierboven genoemde frameworks, methodes en practices hebben hun charme en bieden uitstekende oplossingen voor specifieke situaties. Wanneer echter de verkeerde aanpak wordt gebruikt voor het oplossen van een probleem, leidt dit vanzelf tot nieuwe of andere problemen. In dit geval spreken we over zogenaamde anti-patronen.

Het Cynefin framework helpt om inzicht te krijgen in de kenmerken van specifieke situaties en de beste strategie om in die situatie te kunnen handelen en verbeteren. In het clear-domein is er een eenduidige relatie tussen doel en oplossing. In het complicated-domein zijn meerdere relaties om het 'gegeven' doel te bereiken en kunnen we door betere analyse bepalen wat de beste oplossing is. In het complex-domein is de relatie tussen situatie en doel alleen achteraf te bepalen. Door kort-cyclisch te bepalen of het handelen u dichter bij het doel heeft gebracht, kunnen de beste

vervolgstappen worden ontdekt. In het chaos-domein is geen relatie vast te stellen tussen situatie en doel, het snel en effectief handelen is de beste strategie om de situatie zo snel mogelijk onder controle te krijgen. In het confused-domein is het onbekend in welke van de vier eerdergenoemde domeinen je jezelf bevindt. Het enige doel in dit domein is, zorgen dat je inzicht krijgt welke van de vier andere domeinen van toepassing is. Bij vraagstukken die horen in het complex-domein is agility, wendbaar zijn, dé mindset om vanuit te acteren.

■ DE BELANGRIJKSTE VRAGEN OM UZELF TE STELLEN

- Wordt in de organisatie bewust onderscheid gemaakt tussen een projectmatige werkwijze en een meer agile werkwijze?
- Wordt in elke situatie gelijksoortige hulpmiddelen ingezet of wordt afhankelijk van de context voor een ander set van hulpmiddelen gekozen?
- Wordt er gekozen voor een aanpak met een korte feedback-lus bij vraagstukken die veel onzekerheden of onduidelijkheden hebben?

- Welke strategie hanteren we wanneer blijkt dat de inspanningen niet leiden tot het gewenste resultaat? Betere plannen maken, zodat je wel het gewenste resultaat krijgt of juist goed onderzoeken waarom de inzet niet heeft geleid tot het gewenste resultaat en hiervan leren?

■ HERKENBARE PATRONEN

- Er wordt bewust en eerlijk vastgesteld in welke domein een situatie zich bevindt, en op basis daarvan wordt bepaald of patronen vanuit (enterprise) agility worden ingezet of juiste patronen vanuit programma- en projectmanagement.
- Het continu verbeteren in een specifieke omgeving wordt bepaald op basis van het domein die voor een situatie van toepassing is. In het complex-domein betekent dat de focus ligt op sneller leren, terwijl in het complicated-domein de focus ligt op beter analyseren en plannen.
- Agility en programma- en projectmanagement wordt complementair aan elkaar gezien binnen de organisatie en zodoende wordt een bewuste afweging gemaakt welke aanpak het beste past bij de situatie.

■ HERKENBARE ANTI-PATRONEN

- Het managen van het complex-domein vindt plaats op basis van acties die thuishoren in het complicated-domein. Bijvoorbeeld nieuwe ideeën analyseren en specificeren in plaats van het valideren van hypotheses.
- Vraagstukken die voldoen aan de eigenschappen van het complicated-domein, worden binnen een agile transformatie niet als zodanig herkend en worden in de uitvoering gedwongen zich op een agile manier te organiseren. Dit leidt tot anti-patronen,

veel ergernis voor betrokkenen en continu bijsturing gedurende de uitvoering.
- Er wordt naamgeving gebruikt vanuit het ene domein, maar daadwerkelijk hulpmiddelen uit het andere domein ingezet. Bijvoorbeeld het gebruik van de naam 'product backlog' voor een work breakdown-structuur van een systeem.
- We beschouwen de situatie niet zoals deze daadwerkelijk is, maar proberen de situatie te maken zoals we graag willen dat deze is. Bijvoorbeeld het vereenvoudigen van een dynamische situatie door deze met een scherpe scope en strakke afbakening stevig 'vast te zetten'.

■ TIPS 'N TRICKS

- Introduceer een gemeenschappelijk inzicht en taalgebruik rondom het Cynefin framework.
- Onderzoek, voorafgaand aan elk project of verandering, in welke kwadrant van het Cynefin framework het vraagstuk of situatie thuishoort en of de gekozen aanpak in lijn is met dat kwadrant.
- Organiseer dat alle direct en indirect betrokkenen de situaties eerlijk kunnen beoordelen en op basis daarvan kunnen afleiden of patronen vanuit (enterprise) agility of vanuit project- en programmamanagement moeten worden ingezet.
- Organiseer leerinterventies op basis van het kwadrant waarin het probleem, het werk, zich begeeft (efficiënter uitvoeren in het clear-domein, sneller analyseren in het complicated- domein, sneller leren in het complex-domein en sneller reageren in het chaotic-domein).
- Maak het herkennen van de kenmerken van een situatie met de daarbij behorende patronen onderdeel van post-mortem onderzoek wanneer de uitvoering niet is verlopen zoals verwacht.

3 Het principe van sneller leren

In een wereld waarin verandering dé constante is, wilt u zich als organisatie onderscheiden van de concurrenten door sneller te leren. Een organisatie die sneller zicht heeft op wat er op haar afkomt en op basis daarvan de juiste actie kan ondernemen, is beter in staat om in te spelen op de veranderingen. Het sneller leren is daarmee één van de meest essentiële principes in het verhogen van de enterprise agility. Het onderhevig zijn aan een continue stroom van veranderingen heeft voor organisaties verstrekkende gevolgen. De periode waarover realistische plannen kunnen worden opgesteld wordt steeds korter. Wanneer de periode waarover een plan wordt gemaakt langer is dan de periode waarin verandering zich voordoet, moeten bij elke verandering zowel het plan als de uitvoering worden bijgesteld. We ervaren dan veel herwerk en continu vertragingen omdat deze langetermijnplannen tussentijds bijgesteld moeten worden.

Het ontwikkelen van een product, conform een vastgelegd plan, is nauwelijks nog haalbaar. Veel organisaties hanteren een vorm van het zogenaamde 'Plan | Execute'-model voor het ontwikkelen van producten. Dit model is gebaseerd op het idee dat, als we vooraf goed nadenken over de gewenste oplossing, we de uitvoering efficiënt kunnen uitvoeren. De 'Plan | Execute'-benadering maximaliseert

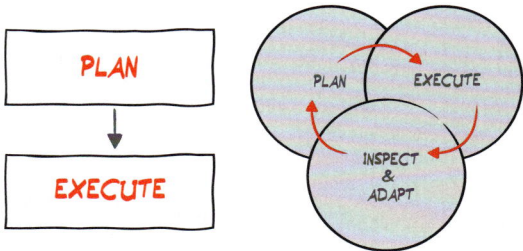

de efficiëntie van de uitvoering. Het uitvoeren (Execute) van een vooraf gedefinieerd plan (Plan) werkt echter niet als de wereld sneller verandert dan de tijdspanne waarop de uitvoering van het plan is gebaseerd. We moeten een lerende organisatie creëren om continu in te kunnen spelen op de laatste inzichten. Door het toevoegen van 'Inspect & Adapt' én het kort-cyclisch doorlopen van alle fases verhoogt u de wendbaarheid van de organisatie. De 'Plan, Execute, Inspect & Adapt'-cyclus is weliswaar minder efficiënt, het is wel de enige manier om effectief in een veranderende omgeving te kunnen opereren. Organisaties moeten beter en vooral sneller leren teneinde hun enterprise agility te verhogen.

■ DE BELANGRIJKSTE VRAGEN OM UZELF TE STELLEN

- Is men in de organisatie bekend met het verschil tussen efficiënt en effectief (specifiek in relatie tot het projectmatig en agile gedachtegoed)?
- Is er een terugkerend proces dat ervoor zorgdraagt dat de uitkomsten gevalideerd worden ten opzichte van de verwachting? Hebben we een goed zicht op onze progressie?
- Zijn we naast het kort-cyclisch uitvoeren ook kort-cyclisch aan het leren? Bijvoorbeeld door het snel (in)valideren van hypotheses vanuit de business?

- Blijven we als organisatie het vooraf uitgewerkte plan volgen omdat de gemaakte kosten te groot zijn om nog te kunnen stoppen, een effect ook wel bekend als 'sunk cost fallacy'?
- In hoeverre durven én kunnen we als organisatie afwijken van onze plannen en deze bijsturen op het moment wanneer dat nodig is? Is onze organisatie dusdanig ingericht en onze organisatiecultuur van dien aard dat er dienend gereageerd wordt op het voortschrijdend inzicht?

■ HERKENBARE PATRONEN

- De 'Plan, Execute, Inspect & Adapt'-aanpak bestaat in de organisatie naast de 'Plan | Execute'-aanpak.
- De organisatie vindt het niet erg wanneer een fout wordt gemaakt, maar ziet dit juist als een kans om te kunnen leren (zodat we niet steeds dezelfde fout maken).
- Wanneer zaken niet lopen zoals verwacht, zijn we als organisatie snel en wendbaar genoeg om andere mogelijkheden te vinden die ons in staat stellen om de gebruikers en klanten goed te helpen.
- Er wordt gewerkt met Minimal Viable Products (MVP's) om het bestaansrecht van nieuwe producten te testen en wordt gewerkt met hypotheses en hypothese-validatie voordat nieuwe concepten en functionaliteit aan producten toegevoegd worden.
- Nieuwe producten of functionaliteiten worden verwijderd als ze niet de gewenste outcome bereiken.

■ HERKENBARE ANTI-PATRONEN

- De focus binnen de organisatie ligt vooral op 'produceren' en nauwelijks op 'leren'; 'resource utilization', 'productivity' en 'velocity' worden als belangrijke KPI's beschouwd en de nadruk ligt op druk bezig zijn.

- Productontwikkeling heeft een sterk lokale focus; er wordt niet of nauwelijks gekeken of wat men doet de hoogste waarde heeft voor de organisatie als geheel. Er worden regelmatig producten of veranderingen gepubliceerd die niet of nauwelijks worden gebruikt door medewerkers en / of klanten.
- Producten worden mogelijk wel kort-cyclisch ontwikkeld, maar slechts sporadisch uitgerold, waardoor hypotheses niet in de daadwerkelijke praktijk gevalideerd worden.
- Het maken van fouten moet worden voorkomen; deze zorgen immers voor extra werk. Wanneer het maken van fouten wel wordt getolereerd, is er nauwelijks tijd beschikbaar om goed te leren en herhaling te voorkomen.
- Het is beter om vooraf langer na te denken en het in één keer goed uit te voeren in plaats van achteraf nog zaken te moeten corrigeren en / of aanvullen.

■ TIPS 'N TRICKS

- Om ervoor te zorgen dat 'Inspect & Adapt' onderdeel wordt van de standaard werkwijze, moet de organisatie werken aan een cultuur waarin iedereen het feedback krijgen op het effect van onze inspanning als waardevol beleefd.
- Zorg dat vanuit de business heldere feedback gegeven wordt over de wijze waarop zij waarde ontlenen aan de geleverde producten. Vraag door naar de daadwerkelijke beleving van jouw product of dienst in de (weerbarstige) praktijk van de gebruiker of klant.
- Richt een KPI-systeem in dat zowel de waarden van de output (wat we produceren), als de outcome (wat we daarmee kunnen) en de impact (wat we daarmee bereiken) meet en visualiseert.

- Zorg ervoor dat de juiste feedback lussen zijn ingericht om maximaal te kunnen leren. Hoe eerder je ontdekt dat hetgeen waar we mee bezig zijn niet leidt tot het gewenste resultaat, hoe minder energie we verspillen aan het doorgaan met wat we deden en hoe sneller we activiteiten kunnen vinden die leiden tot een beter resultaat.

4 Het principe van eigenaarschap

In de context van enterprise agility dichten we een grote rol toe aan het ontwikkelen en borgen van iets wat we eigenaarschap noemen. Waarom is eigenaarschap belangrijk? Wat gebeurt er als dat eigenaarschap niet goed wordt ingeregeld? In de praktijk blijkt dat de enterprise agility direct afneemt als er tijdens de uitvoering, binnen de voortbrengingsketen, vertragingen ontstaan. Vertraging, door afhankelijkheden en onduidelijke mandatering, ondermijnt het tijdig kunnen reageren. Wat we waarnemen in organisaties met een lage enterprise agility is dat tijd in beslag wordt genomen door een hoeveelheid aan tussenliggende schakels, diverse momenten van overdracht en een besluitvormingsproces op afstand van de uitvoering. Om in het complex-domein succesvol activiteiten te ondernemen en tijdig goede keuzes te maken, streven we ernaar alle vertragende schakels te reduceren tot nul. Het vergroten van het eigenaarschap in de directe omgeving van de 'praktijk' is een essentieel onderdeel in het verkrijgen van enterprise agility.

Vertraging in de voortbrengingsketen maakt het dus moeilijk om effectief te kunnen opereren in het complex-domein. Door het eigenaarschap in de 'uitvoering' te bevorderen, reduceren we veel bronnen van vertraging in de voortbrengingsketen. Van eigenaarschap is sprake als een entiteit zich eigenaar voelt van 'iets', de

	De Ontkenner	Het Ongeleide Projectiel	De Omstander	De Uitvoerder	Het Slachtoffer	De Boef	De Eigenaar
Eigenaar voelen			✓		✓	✓	✓
Actie ondernemen		✓		✓		✓	✓
Eigenaar zijn	✓			✓	✓		✓
Goed eigenaarschap							✓

entiteit zelf actie neemt voor 'iets' en de entiteit ook daadwerkelijk eigenaar is van 'iets'. Alleen wanneer sprake is van alle drie de genoemde elementen is het eigenaarschap zuiver, in alle andere gevallen leidt het ontbreken van één of meer elementen tot zichtbare en herkenbare problemen. De voorwaarden om eigenaarschap te creëren zijn het overdragen van een heldere visie en/of doelen, het meegeven van duidelijke kaders en richtlijnen én het als organisatie zorgdragen voor het invullen van de noodzakelijke randvoorwaarden (structuur, middelen en competenties). Gedeeld eigenaarschap leidt vaak tot geen eigenaarschap en moet daarom zoveel mogelijk worden voorkomen.

■ DE BELANGRIJKSTE VRAGEN OM UZELF TE STELLEN

- Hoeveel vertragingen ontstaan in de voortbrengingsketen doordat besluiten door meerdere mensen of afdelingen geaccordeerd moeten worden?
- Zijn feedback lussen dusdanig goed ingericht, dat mensen, teams en afdelingen de gevolgen van hun eigen acties zelf kunnen constateren?
- Ligt het eigenaarschap zo dicht mogelijk bij mensen die direct aan het product werken? Hebben eigenaren ook het organisatorische

mandaat om exclusief besluiten te nemen over het product? Voelen eigenaren zich ook echt verantwoordelijk over het product? Willen, mogen, kunnen en durven de eigenaren persoonlijk actie en besluiten te nemen in relatie tot het product?
- Nemen de eigenaren hun verantwoordelijkheid (accountable en/of responsible) wanneer het resultaat achterblijft bij de gestelde doelen?

■ HERKENBARE PATRONEN
- Er is een helder geformuleerde en gedragen visie en/of doelstelling en deze wordt ook actief gebruikt om te nemen besluiten aan te valideren.
- Er zijn duidelijke kaders gedefinieerd en deze worden gebruikt om te toetsen of de betreffende persoon of team een te nemen besluit zelf mag nemen.
- De noodzakelijke randvoorwaarden (structuur, middelen en competenties) om als individu en als team een waardevolle bijdrage te doen, zijn of worden ingevuld door de organisatie.
- Een team toont eigenaarschap, als zijnde één entiteit.
- Het is duidelijk 'wie' in de organisatie 'waarvoor' mandaat heeft (en wie niet).

■ HERKENBARE ANTI-PATRONEN
- De eigenaar voelt geen enkele vorm van eigenaarschap en/of onderneemt geen actie
- Er wordt actie ondernomen door mensen die het mandaat vanuit eigenaarschap niet hebben.
- Mensen voelen zich sterk betrokken bij het product maar hebben zelf geen direct mandaat en/of willen niet handelen. Ze proberen via informele beïnvloeding anderen te bewegen actie te ondernemen. De vraag "Wie is hier nu van?" wordt vaak gesteld.

4 Het principe van eigenaarschap

- Er zijn lange besluitvormingsketens in de organisatie waardoor vertragingen ontstaan gedurende de uitvoering.
- Eigenaarschap wordt ondermijnd en ontnomen met het 'ontzorgen' van teams door werkzaamheden uit handen te nemen. Denk hierbij bijvoorbeeld aan een team dat niet betrokken wordt bij het aannemen of afscheid nemen van een nieuw teamlid.

■ TIPS 'N TRICKS

- Leg eenduidig vast wie exact eigenaar is, welke rechten en plichten dat met zich meebrengt en communiceer daar transparant en helder over.
- Waak ervoor dat je als leidinggevende niet het eigenaarschap van personen of teams afneemt, door bij hulpvragen eerst te onderzoeken waarom een persoon of team niet in staat is om de actie zelf uit te voeren.
- Buig vragen als "Wil je weten wat ik zou doen in deze situatie?" om naar "Welke informatie ontbreekt nog om zelf een besluit of actie te nemen?" en "Hoe kun jij die informatie zelf vinden?"
- Ga met elkaar aan de slag met effectief eigenaarschap en maak duidelijk wat leidinggevenden en teams van elkaar kunnen verwachten. Organiseer intervisie rondom eigenaarschap of organiseer eigenaarschap bevorderende workshops.
- Nodig alle beslissingsbevoegden en betrokkenen binnen een voortbrengingsketen uit in één ruimte en doorloop gezamenlijk het besluitvormingsproces van begin tot eind. Klopt het beeld met de praktijk? Zijn we een stap vergeten? Hoe is het eigenaarschap verdeeld tussen de betrokkenen? En hoe kunnen wij het aantal betrokken personen hierin reduceren?

5 Het principe van zelforganisatie

In het principe van eigenaarschap hebben we geconstateerd dat vertragingen in de voortbrengingsketen leiden tot ongewenste effecten op het gebied van enterprise agility. Naast het ontwikkelen van eigenaarschap willen we daarom ook dat degenen die een behoefte hebben direct kunnen samenwerken met degenen die de behoefte invullen. Dit samenwerken betekent dat een grote verantwoordelijkheid rust op de individuen en teams die de uitvoering van de productontwikkeling voor hun rekening nemen. Veel organisaties zijn nu nog van mening dat individuen en teams deze verantwoordelijkheid niet aankunnen. Hierdoor ontstaat een systeem van directe sturing en overmatige controle, een systeem met vertragingen, en een systeem dat de snelheid en wendbaarheid van de organisatie in de weg staat.

Wanneer meerdere teams met elkaar gaan samenwerken en de hoeveelheid kansen op vertragingen toeneemt, worden de effecten daarvan op de motivatie en het gedrag van zowel individuen als teams sterk uitvergroot. Met aandacht voor autonomy, mastery en purpose moet de organisatie zorgdragen voor het goed inrichten van het systeem. In dit goed ingerichte systeem kunnen zoveel mogelijk zelforganiserende teams ontstaan met het vermogen om direct en zelfstandig te handelen. Deze teams werken aan waardevolle invulling van behoeften zonder intensieve sturing en kunnen zichzelf daarvoor organiseren. Dit betekent dat zij zelf kunnen en mogen bepalen hoe zij de gewenste visie en doelstellingen denken te gaan bereiken.

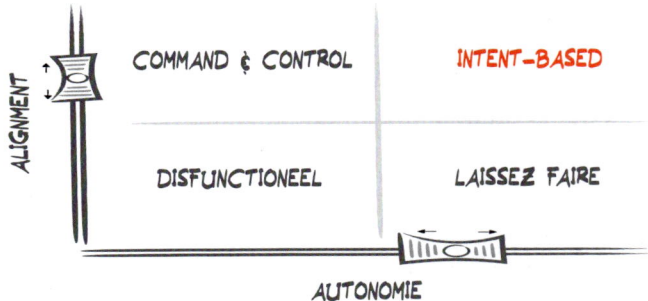

Het effectief schalen van teams binnen het complex-domein gebeurt primair op basis van zelforganiserende teams. Alignment is noodzakelijk om samen het gewenste effect te bereiken en de teams effectief en efficiënt samen te laten werken. Autonomie is noodzakelijk om snel en wendbaar te kunnen reageren binnen een veranderende omgeving. Met het maximaliseren van zowel alignment als autonomie verzorgen we slagkracht en bewegingsvrijheid van teams. Daarbij worden vertragingen in de voortbrengingsketen zoveel als mogelijk gereduceerd. Georganiseerde teams wijken af van zelforganiserende teams door de afwezigheid van autonomie. Zelfsturende teams wijken af van zelforganiserende teams door de afwezigheid van alignment. Zelforganiserende teams ontstaan echter niet vanzelf en kunnen onbewust snel ondermijnd worden door inconsistent leiderschap.

■ DE BELANGRIJKSTE VRAGEN OM UZELF TE STELLEN

- Ben ik als leidinggevende in staat om de doelstellingen en kaders goed over te brengen om mij daarna niet verder met de inhoud van het werk te bemoeien? Is het hoger liggend doel bekend voor iedereen in de organisatie en is iedereen zich ook bewust van dit hoger liggend doel?
- Zijn onze teams autonoom in hun functioneren? Hebben onze teams veel afhankelijkheden? Missen onze teams het mandaat om zelf besluiten te kunnen nemen en daarop te handelen? Voorziet onze organisatie de teams van de middelen die ze nodig hebben om tot waardevolle resultaten te komen?
- Creëren we noodzakelijke alignment tussen de teams zonder hun autonomie te beperken? Op welk moment in de voortbrenging wordt alignment opgezocht? Zijn de momenten van alignment proactief of ad-hoc georganiseerd?
- Is er een beperkte set van duidelijke kaders zichtbaar waarbinnen de teams kunnen bewegen en hebben alle teams deze kaders ook helder voor ogen? Worden de teams vanuit de organisatie geholpen met het continu integreren van de *way of working* rondom deze kaders?
- Is de aandacht rondom de teams gericht op het uitvoeren van taken en activiteiten of juist op het bereiken van gewenste resultaten?

■ HERKENBARE PATRONEN

- Teams werken zelfstandig en worden weinig vertraagd door afstemming met andere teams.
- Om vertragingen in de keten te voorkomen worden afhankelijkheden (tussenstappen) steeds verder gereduceerd, bijvoorbeeld door het actief ontwikkelen van ontbrekende kennis en vaardigheden in de teams en het vergroten van het mandaat van deze teams.

- Er is een sterke visie, doelen zijn helder en de kaders waarbinnen de teams kunnen opereren zijn duidelijk.
- In de organisatie is er aandacht voor autonome samenwerking, eigenaarschap, skills- en competentiemanagement.

■ HERKENBARE ANTI-PATRONEN

- Er zijn veel afhankelijkheden tussen teams. Met deze afhankelijkheden ontstaat noodzaak voor veel afstemming tussen teams en de afstemming zorgt daarbij voor vertraging.
- Teams kunnen niet of nauwelijks effectief in samenhang werken, waardoor steeds meer hiërarchische sturing wordt geïntroduceerd.
- Er wordt direct ingegrepen door managers wanneer er een beleving van druk of spanning ontstaat en bij het ingrijpen vallen deze managers terug op een aanpak behorende bij de complicated-domein.
- Teams ervaren 'eigenaarschap' op de output van hun activiteiten, maar ervaren niet het eigenaarschap op het te bereiken resultaat (outcome).
- Teams hebben door het ontbreken van autonomie niet tot nauwelijks het vermogen om hun aanpak bij te sturen om het gewenste effect te bereiken, waardoor een gelaten houding ontstaat.

■ TIPS 'N TRICKS

- Zorg in de teams voor inzicht in visie, doelen en kaders van de organisatie. Help de teams een beeld te vormen van wat hen te doen staat om maximaal bij te dragen aan de organisatiedoelen.
- Vertrouw juist wanneer het 'spannend' wordt door een onverwachte of stressvolle situatie op de zelforganiserende kracht van de teams. Maak met elkaar de situatie inzichtelijk, zorg voor voldoende informatie en voorkom de verleiding vanuit het leiderschap of management om meer direct te gaan (bij)sturen.

- Onderzoek op periodieke basis de inrichting van de organisatie met aandacht op hoe zelforganiserende teams qua alignment en autonomie verder geoptimaliseerd kunnen worden.
- Zoek, als zaken niet goed gaan, niet naar de schuldige(n) maar kijk hoe we kunnen leren zodat we het de volgende keer wel goed doen. Let op! Een anti-patroon is meer controle invoeren, terwijl de oplossing ligt in het verhogen van inzicht, kennis en verantwoordelijkheid bij de teams.
- Bij het groeien van de organisatie met extra teams: vraag de teams hoe zij de coördinatie van werk zelf willen organiseren. Val niet voor de verleiding er direct een manager op te zetten om de coördinatie tussen de teams uit te voeren.

6 Het principe van een heldere richting

Het hebben van een heldere richting is noodzakelijk voor het succes van de principes van sneller leren, eigenaarschap en zelforganisatie. Alleen met een helder beeld van de richting die we op willen gaan, kan een eventuele afwijking worden (h)erkend en de koers worden gecorrigeerd. Het blijkt in de praktijk dat in veel omgevingen een heldere richting niet tot nauwelijks aanwezig is. In andere omgevingen is de richting wel aanwezig maar zo vaag geformuleerd dat deze geen enkel houvast biedt om daadwerkelijk afwijkingen te kunnen vaststellen en betere keuzes te kunnen maken. Als er onvoldoende transparantie en duidelijkheid is over de richting, wordt het kortcyclisch bijsturen op basis van feiten (empirische procesbesturing) zo goed als onmogelijk. Om de enterprise agility te verhogen is het belangrijk dat een organisatie een heldere richting definieert en dat deze dan ook actief wordt gebruikt binnen alle ontwikkelingen.

Een heldere richting wordt gevormd door een betekenisvolle purpose, een inspirerende visie, een concrete missie, duidelijke strategie en uitdagende doelen. Een betekenisvolle purpose leidt tot intrinsieke motivatie van teamleden en zet aan tot eigenaarschap en zelforganisatie. Een inspirerende visie is een baken om enerzijds de richting te kunnen bepalen en anderzijds de effectiviteit van acties te kunnen valideren. Een concrete missie beschrijft de overkoepelende

doelstelling van de organisatie voor het creëren van waarde en zet aan tot sneller leren. Een verbindende strategie geeft invulling aan de wijze waarop de organisatie haar missie wil gaan uitvoeren teneinde haar visie te bereiken en geeft richting aan de strategische, tactische en operationele doelen. Uitdagende strategische, tactische en operationele doelen leiden tot meetbare mijlpalen en bieden teams zicht op progressie. Op internet zijn veel vragenlijsten te vinden die helpen bij het formuleren van een heldere richting. In het formuleren van een heldere richting zit de meeste waarde in het beantwoorden van de moeilijke vragen; de gevonden antwoorden bieden iedereen in de organisatie een houvast om een waardevolle bijdrage te kunnen leveren. Onbeantwoorde vragen bieden dan ook geen helderheid.

■ DE BELANGRIJKSTE VRAGEN OM UZELF TE STELLEN
- Hebben we een inspirerende visie? Is deze visie helder en dusdanig bekend dat op alle niveaus de juiste keuzes gemaakt worden?
- Hebben we een concrete missie die de overkoepelende doelstelling van de organisatie beschrijft?
- Hebben we een verbindende strategie om inzichtelijk te maken langs welke assen de organisatie haar visie en missie wil bereiken? Zijn de medewerkers in staat (voldoende duidelijk, voldoende

concreet en voldoende mandaat) om hun werkzaamheden in lijn met deze strategie te brengen?
- Zit er een duidelijke samenhang tussen de purpose, visie, missie, strategie en doelstellingen?
- Zijn we in staat om onze progressie te volgen en daarmee de voortgang te valideren?

■ HERKENBARE PATRONEN
- De purpose is bekend bij alle medewerkers en leidt aantoonbaar tot intrinsieke motivatie.
- De visie wordt actief gebruikt om vooraf richting te geven aan besluiten die worden genomen en om achteraf de effectiviteit van onze acties te valideren.
- De missie beschrijft in hoofdlijnen, maar concreet genoeg, hoe we ons als organisatie richting onze visie willen bewegen.
- De strategie geeft invulling aan de vraag op welke wijze we de missie gaan uitvoeren en geeft herkenbaar richting aan de strategische, tactische en operationele doelen.
- Het leiderschap draagt de purpose, visie, missie, strategie en doelstellingen actief uit naar de rest van de organisatie. Waarbij de missie, visie en purpose regelmatig tijdens events gepresenteerd worden en als maatstaf gelden voor de mate van de progressie die binnen de organisatie geboekt wordt.

■ HERKENBARE ANTI-PATRONEN
- De purpose, het hoge doel waarom wij als organisatie bestaan, is onbekend of niet bekend bij alle werknemers en/of wordt niet als een reden genoemd waarom medewerkers graag hun bijdrage willen leveren aan de organisatie.

- Er is onvoldoende transparantie en duidelijkheid over de richting, hierdoor wordt het kort cyclisch bijsturen op basis van feiten (empirische procesbesturing) zo goed als onmogelijk. Er wordt lokaal gemeten en gestuurd op output zonder een koppeling te maken met de te behalen doelen en het creëren van waarde.
- De strategie verzorgt onbedoelde desorganisatie, leidt tot een gebrek aan cohesie en effectiviteit en voorziet niet in afstemming en integratie van de te bereiken doelen, de capabilities, de werkwijzen en de risico's.
- De strategische, tactische en operationele doelen leiden niet tot meetbare mijlpalen óf worden niet gebruikt als mijlpalen om de progressie van initiatieven binnen de organisatie te valideren.
- Doelen worden beschreven in een vorm van activiteiten, met een te grote nadruk op hoe de doelen bereikt moeten worden. Dit ontneemt afdelingen en teams de mogelijkheid om eigenaarschap te nemen over de wijze waarop zij de doelen gaan behalen: "Ik doe wat er van me gevraagd wordt" in plaats van "Ik help mee de doelen te behalen".

■ TIPS 'N TRICKS

- Zorg ervoor dat de purpose over een hoger gelegen doel van betekenis gaat en gebruikt kan worden als innerlijk kompas. De vraag "Waarom werk je bij deze organisatie?" geeft vaak een goed inzicht in de echte purpose (of het gebrek daar aan).
- Zorg ervoor dat veel mensen meedenken en meepraten over de visie. De visie moet een gezamenlijk gezichtspunt zijn waar veel mensen binnen de organisatie zich aan kunnen verbinden. Een goede visie waarmee de hele organisatie wordt geholpen met het vermogen om bij te dragen, komt niet in achterkamertjes of in de bestuurskamer tot stand.

- Zorg dat iedereen in staat is om de relatie tussen zijn of haar activiteiten en het hoger gelegen doel te onderkennen en te benoemen. Denk aan de conciërge bij NASA die de vraag "Wat doet u hier?" van president Kennedy beantwoordde met "Ik help een man op de maan te zetten".
- Definieer de strategische, tactische en operationele doelen elk op hun eigen niveau in de organisatie en zorg dat deze tussen de lagen in verbinding met elkaar staan. Zorg ervoor dat doelstellingen echt SMART (acroniem voor: Specifiek, Meetbaar, Acceptabel, Realistisch, Tijdgebonden) worden gedefinieerd, en dat vooraf al nagedacht wordt over de wijze waarop deze doelstellingen nu en in de toekomst gemeten worden. Een handige hulpvraag om het meten te ondersteunen is: "Als we X in de toekomst willen gaan behalen, wat is X vandaag de dag dan?"
- Het bereiken van doelen moet te valideren zijn. Iedereen moet kunnen waarnemen hoe we vorderen ten opzichte van onze doelen en hoe de vorderingen de doelstellingen op een hoger niveau beïnvloeden.

7 Het principe van duidelijke kaders

Kaders beslaan de terreinen van wet- en regelgeving, auditrichtlijnen en afspraken met partners en leveranciers. Door 'agilisten' wordt vaak met zorg gekeken naar de **aanwezigheid** van kaders binnen organisaties die enterprise agility nastreven. Wanneer een organisatie zich niet aan de aanwezige kaders houdt, zijn hoge kosten het resultaat; geld, imago, tijd et cetera. De keuze om de kaders simpelweg te negeren is geen optie. Vanuit de praktijk blijkt dat ook de **afwezigheid** van kaders ernstige gevolgen kan hebben. Denk bij deze gevolgen aan afnemend eigenaarschap, ondermijning van zelforganisatie, vertragingen in de voortbrengingsketen en overmatige hoeveelheden herstelwerkzaamheden. Het blijkt dat een minimale set van duidelijke en zinvolle kaders juist bewegingsvrijheid voor teams oplevert in plaats van dat de bewegingsvrijheid wordt beperkt. Te weinig kaders kan leiden tot anarchie, te veel kaders tot onverschilligheid. De kracht van kaders ligt in het vinden van de juiste balans.

Kaders zijn op te splitsen in eisen ten aanzien van het product en eisen ten aanzien van het voortbrengingsproces. Op een Definition of Done (behorende bij een product) krijgen ze vorm door het vertalen van de intentie van het kader naar SMART-criteria, het bepalen van de impact én het daarop genomen besluit rondom

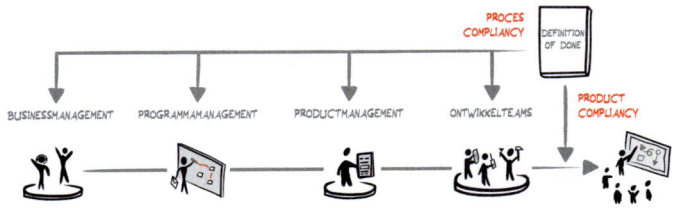

het onderwerp. Een voorwaarde voor succes is dat de kaders op de juiste manier worden ingericht in de organisatie, met aandacht voor de wetmatigheden van het complex-domein. De inrichting moet de snelheid en wendbaarheid van de organisatie ondersteunen in plaats van belemmeren. Het snel reageren op verandering vereist dat kaders niet vastgeklonken zijn maar over verloop van tijd kunnen worden bijgesteld om zo maximale ondersteuning te blijven bieden aan de waardeketens. Doelen en kaders worden opgesteld door het management waarbij het van belang is dat deze goed zijn afgestemd op de behoefte en volwassenheid van de teams.

■ DE BELANGRIJKSTE VRAGEN OM UZELF TE STELLEN

- Zijn alle relevante kaders beschreven en dusdanig beschreven dat ze in balans zijn met wat individuen en teams nodig hebben? Zien daardoor de teams de product- en proceskaders als waardevolle instrumenten in plaats van als een beperking van hun bewegingsvrijheid?
- Wordt de set aan kaders, die in de organisatie aanwezig zijn, steeds weer getoetst op toepasbaarheid, relevantie en effectiviteit?
- Zijn de kaders ten aanzien van de producten en de kaders ten aanzien van het voortbrengingsproces duidelijk gescheiden?
- Worden wijzigingen aan de set van product- en proceskaders via een transparant proces vastgesteld, waarin zowel de toepasbaarheid als de impact van de kaders worden getoetst?

- Worden de aanwezige kaders afgestemd en periodiek bijgesteld aan de hand van het competentieniveau van de medewerkers die ermee werken?

■ HERKENBARE PATRONEN
- Compliancy is op een systematische manier ingericht waardoor het niet langer een sluitstuk is maar juist een integraal onderdeel van het voortbrengingsproces.
- Duidelijke kaders geven het speelveld aan waarbinnen de teams maximale vrijheid van handelen hebben en ze zelfstandig besluiten kunnen nemen. Hiermee wordt de autonomie en zelforganisatie van teams versterkt.
- De chief compliancy officer, kwaliteitsmanagers en/of auditors hebben een helpende, adviserende en coachende rol richting de organisatie (in plaats van een controlerende rol). Dit voorkomt vertraging binnen het proces door quality gates, vrijgaveadviezen, et cetera.
- De kaders fungeren op dusdanige wijze dat de behoefte tot aanpassing van deze kaders zowel kan plaatsvinden vanuit het management en kaderstellende afdelingen, alsook vanuit de teams die in de voortbrengingsketen werkzaam zijn.
- Het is mogelijk om heel bewust soms niet compliant te zijn mits daarbij het besluit om af te wijken op transparante wijze zichtbaar wordt gemaakt binnen de organisatie.

■ HERKENBARE ANTI-PATRONEN
- Er zijn te veel kaders met tot gevolg: een toenemende onverschilligheid van individuen en teams, een sterk teruglopende productiviteit, een gebrek aan wendbaarheid en/of een beperkte autonomie van teams.

- Er zijn geen of te weinig kaders met tot gevolg een gevoel van 'anarchie' binnen de organisatie. Geen of te weinig kaders vooraf kan zorgen voor een apathische houding van teams omdat de organisatie keer op keer ingrijpende correcties achteraf moet doen en daarmee (het gevoel van) autonomie aantast.
- Alle kaders worden in een Definition of Done geplaatst, ook kaders die eigenlijk op het voortbrengingsproces en niet op het product van toepassing zijn.
- Kaderstellende afdelingen hebben elk een eigen set aan kaders, die vaak moeizaam zijn te achterhalen ("Leg de kaders eens op tafel?!") of nauwelijks toepasbaar in de dagelijkse praktijk ("Hoe passen deze kaders in ons specifieke product?") .
- Er worden regelmatig kaders toegevoegd, maar er wordt nauwelijks gewerkt aan het verhogen van de competenties waarmee kaders juist afgebouwd kunnen worden.

■ TIPS 'N TRICKS

- Door 'agilisten' wordt vaak sceptisch gekeken naar de aanwezigheid van kaders binnen een organisatie. Zorg ervoor dat men begrijpt waarom de specifieke kaders er zijn, bijvoorbeeld wetgeving, audit-richtlijnen of afspraken met partners en leveranciers. En maak inzichtelijk wat de organisatorische consequenties zijn als niet wordt voldaan aan deze kaders en richtlijnen.
- Impliciet zijn er altijd kaders, ook als we deze niet expliciet specificeren. Specificeer en communiceer deze kaders, zodat teams achteraf niet aangesproken en/of gecorrigeerd hoeven te worden wanneer ze onbewust over de ongeschreven regels heen stappen. Dit creëert een veilige werkomgeving en voorkomt risicomijdend en apathisch gedrag bij de teams.
- Product compliancy kan in een wendbare omgeving geïmplementeerd worden middels de generieke Definition of Done van de organisatie. Deze generieke Definition of Done wordt

door alle ontwikkelteams minimaal gehanteerd. Wel kunnen de ontwikkelteams deze eventueel verrijken met meer specifieke criteria voor hun product of omgeving.
- Proces compliancy kan in een wendbare omgeving geïmplementeerd worden middels generieke werkafspraken die binnen de voortbrengingsketen worden geborgd. Door deze kaders in het systeem te borgen hoeft alleen periodiek de naleving daarvan middels periodieke audits worden gevalideerd.
- Bij het bepalen hoeveel kaders nodig zijn, wordt een balans gevonden tussen de volwassenheid van de teams (competentie) en de mate van duidelijkheid die nodig is om gedetailleerd voor te schrijven waaraan voldaan moet worden. De stelregel is hier: geef ze genoeg kaders om duidelijkheid te verschaffen maar niet te veel om hun eigenaarschap op het vinden van oplossingen te ontnemen.

DEEL B
Agility op het niveau van het team

In deel A hebben we de principes van enterprise agility uitgelicht die op alle niveaus binnen het ontwikkelen van enterprise agility een centrale rol spelen. In deel B gaan we in op de noodzaak van agility op teamniveau, het creëren van een product roadmap, het managen van een product plan, het ontwikkelen volgens Scrum of Kanban, het beschikbaar stellen volgens DevOps en het valideren van de geleverde waarde. Kortom, de gehele cyclus die één team doorloopt om snel en wendbaar een product te ontwikkelen.

8 De noodzaak van agility op teamniveau

Wanneer een enkel team binnen een grote organisatie nog niet eens in staat is om snel en wendbaar producten te ontwikkelen, wordt het nagenoeg onmogelijk om die gewenste snelheid en wendbaarheid wel te behalen op het moment dat producten ontwikkeld moeten worden met meerdere teams, meerdere afhankelijkheden, complexere processen, stringentere kaders, et cetera. De uitdagingen worden namelijk niet eenvoudiger als de complexiteit van voortbrengingsketens toe neemt. Met een goed zicht op wat het voor een enkel team betekent om die snelheid en wendbaarheid te ontwikkelen, kunnen we in de delen D en E van dit boek onderzoeken hoe we de snelheid en wendbaarheid kunnen behouden wanneer we opschalen naar meerdere teams en / of afdelingen.

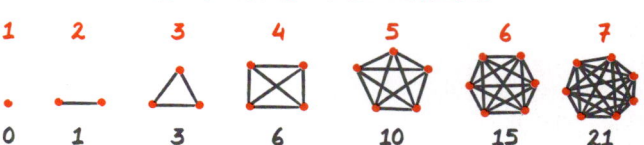

Enterprise agility komt voort uit effectieve en efficiënte teams die overweg kunnen met de wetmatigheden van het werken in het complex-domein. Het creëren van deze snelle, wendbare teams is essentieel om de snelheid en wendbaarheid te kunnen schalen tot het niveau van enterprise agility. De voordelen van de wijze waarop teams werken, worden uitvergroot wanneer we de schaal vergroten naar het organisatieniveau. De nadelen van de wijze waarop teams werken, worden ook uitvergroot wanneer we de schaal vergroten naar het organisatieniveau en de diepere essentie van de principes niet goed is geborgd, met alle gevolgen van dien. Succesvolle snelle wendbare teams die direct samenwerken met de business hebben alle elementen in zich om sneller te leren, volledig eigenaarschap te nemen en zowel individueel als in samenhang met elkaar zelforganisatie toe te passen.

■ DE BELANGRIJKSTE VRAGEN OM UZELF TE STELLEN

- Wordt (enterprise) agility benaderd als een methodiek die geïmplementeerd moet worden in de organisatie? Of wordt het benaderd als het continu reduceren van barrières en afhankelijkheden bij de teams die direct de waarde aan de klanten en gebruikers leveren?
- Hebben we continu aandacht voor het sneller willen, mogen en kunnen leren? De continue aandacht zorgt ervoor dat eventuele ballast op gestructureerde wijze verwijderd wordt.
- Staan de teams direct in verbinding met de stakeholders en gebruikers? Deze verbinding zorgt voor een sterke voedingsbodem voor het bereiken van een hoge mate van eigenaarschap en intrinsieke motivatie.
- Wordt in de teams gedrevenheid en focus ervaren? Worden teams niet tot nauwelijks afgeleid van hun doel om waarde te leveren voor de stakeholders en gebruikers?

- Is het voor de teams duidelijk waar ze voor een langere periode aan (gaan) werken?

■ HERKENBARE PATRONEN
- De onderliggende principes van enterprise agility zijn bekend bij iedereen en worden structureel gebruikt bij het oplossen van problemen tijdens het verhogen van de enterprise agility.
- Alles en iedereen in de organisatie staat in dienst van de teams die de maximale waarde leveren om te kunnen voorzien in de behoeften van de gebruikers.
- De teams zijn optimaal ingericht om te werken in het complex-domein voordat de eerste stappen richting enterprise agility worden gezet.

■ HERKENBARE ANTI-PATRONEN
- We hebben multidisciplinaire teams, maar deze teams hebben veel afhankelijkheden met andere teams omdat er nog competenties ontbreken in die multidisciplinaire teams.
- Er zijn ernstige problemen, grote risico's, sterk vertragende afhankelijkheden en/of andere nadelige gevolgen ontstaan doordat er pogingen zijn gedaan om de enterprise agility te verhogen, zonder eerst naar de optimale inrichting van de afzonderlijke teams te kijken.
- Om de hierboven beschreven nadelige gevolgen te beheersen wordt er vaak teruggegrepen op: persoonlijke verantwoordelijkheden (aansprakelijkheid), toename van formele handover momenten, control gates, command & control-principes en stringentere kaders. Dat zijn exact de maatregelen die de enterprise agility verder doen afnemen.
- De focus ligt vooral op productiviteit en efficiency van teams en niet op de waardecreatie en de effectiviteit van teams.

■ TIPS 'N TRICKS

- Zorg voor aandacht voor vakmanschap en het continu blijven ontwikkelen van kennis en vaardigheden. Dit is niet langer vrijblijvend en voordelig maar absoluut noodzakelijk op zowel het niveau van de individu als het team.
- Multidisciplinair wil niet zeggen dat alle teamleden als individu alles moeten kunnen. Zorg ervoor dat elke competentie die een team nodig heeft om waarde te leveren, in voldoende mate aanwezig is in een team als geheel. In ieder geval bij twee teamleden, waardoor de voortgang niet stopt als er iemand ziek is of vakantie heeft.
- Scrum en Kanban zijn twee werkwijzen die zichzelf lang en breed in praktische zin hebben bewezen in het complex-domein, en vormen een uitstekende basis voor het creëren van team agility.

9 Het creëren van een product roadmap

Het is algemeen bekend dat snelle, wendbare teams werken met helder geprioriteerde productplannen (zoals product backlogs in Scrum, work prioritization in eXtreme Programming of het kanban board in Kanban). Toch wordt vanuit de betreffende frameworks weinig houvast gegeven hoe te komen tot een goed productplan. Door vanuit een visie, missie, strategie en/of doelstelling inzicht te geven in de opeenvolgende logische stappen die gezet kunnen worden komt men tot een goed productplan en wordt het eenvoudiger om beschikbare hulpmiddelen effectief in te zetten.

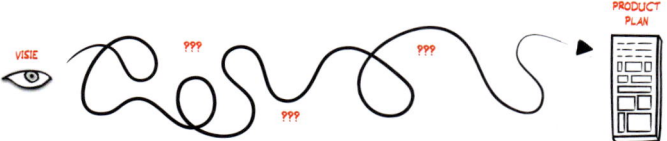

Een goed onderbouwde, op waarde gesorteerde product roadmap (opeenvolgende logische stappen) wordt afgeleid vanuit de visie en doelen die voor de organisatie (of het organisatieonderdeel) zijn geformuleerd. Dat afleiden doet u met behulp van instrumenten als een visiebord, product canvas en storymap. De focus op het creëren van een goede visie levert vaak een goede product roadmap op als resultaat. Het visiebord en de stakeholder matrix zijn geschikte instrumenten om de omgeving in kaart te brengen. Het product canvas is een goed instrument om het overzicht van het product en ideeën rondom het gebruik vast te kunnen leggen. De storymap is een sterk instrument om logische, waardevolle releases in beeld te brengen. Dit alles doen we om snel incrementeel releases van het product uit te brengen en zo snel mogelijk waardevolle feedback te ontvangen.

■ DE BELANGRIJKSTE VRAGEN OM UZELF TE STELLEN

- Is de product roadmap gebaseerd op de meest actuele visie, missie en/of strategie van de organisatie en is daarmee het product uitgewerkt met verschillende niveaus van detail (abstracter op de lange termijn, concreter op de korte termijn)?
- Hebben we de stakeholders en hun bijbehorende behoefte goed in kaart gebracht? En kan hieruit dan ook de globale behoeftevervulling die door het product wordt geleverd worden afgeleid?
- Op welke wijze houd ik overzicht over de samenhang van meer omvangrijke producten?
- Hoe groot is het reeds uitgevoerde analysewerk dat mogelijk geen waarde meer heeft als we de product roadmap (zouden moeten) aanpassen? Passen we liever de product roadmap niet aan omdat er al zoveel werk in de analyse zit?
- Hoe bepaal ik de waarde (en daarmee de prioriteit) van items op mijn productplan, ook als deze onderling nauwelijks vergelijkbaar zijn?

■ HERKENBARE PATRONEN

- De product roadmap wordt gevisualiseerd met behulp van instrumenten als een visiebord, product canvas en/of storymap. Met alle betrokkenen kan op een hoger liggend niveau van het

product over de ontwikkeling worden gesproken, zonder afgeleid te worden door alle details.
- De belangen en behoeften van de gebruikers en stakeholders zijn helder in kaart gebracht en zij geven duidelijk aan **wat** nodig is om de behoefte in te vullen, maar blijven weg van 'hoe' de behoefte moet worden ingevuld.
- We leveren optimale waarde in het complex-domein door: te weten en te begrijpen wat de (product)visie is, waar het product zich nu ten opzichte van die visie bevindt, wat de grove stappen zijn om de visie te kunnen realiseren en wat op dit moment de meest belangrijke stap is richting die visie.
- Het product is een middel om de visie en daaruit voortvloeiende behoeften te realiseren; er wordt veel energie gestoken in het uitleggen hoe het product bijdraagt aan het verwezenlijken van die visie en de invulling van de behoeften.
- Tijdens reviewsessies wordt gekeken met de stakeholders en gebruikers waar het product zich bevindt ten opzichte van de roadmap en wat de meest essentiële aspecten zijn om nu aandacht aan te gaan schenken.

■ HERKENBARE ANTI-PATRONEN

- Ondanks dat we ons in het complex-domein van het Cynefin framework bevinden worden doelen ver van tevoren vastgezet, zowel in scope als in tijd. Een te uitgebreide, en te gedetailleerde product roadmap zorgt voor veel herwerk als het product en de productdoelstellingen van koers wijzigen.
- We hebben veelal de neiging om het product met te veel diepgang en detail te gaan beschrijven zodra een visie concreet begint te worden en de contouren van een product zichtbaar worden.
- We vinden het moeilijk om veranderingen op een ontspannen manier te accepteren. "... maar dit is wat we hadden afgesproken!" en het bijstellen van de uitvoering leidt tot frustratie.

- Stakeholders die het hardst 'schreeuwen' krijgen het meest gedaan op de product roadmap. Strategieën om deze stakeholders minder invloed te laten hebben worden niet ingezet.
- We benoemen medewerkers tot stakeholders die dit eigenlijk niet zijn (informatieanalisten, functioneel ontwerpers, requirements analisten, het ontwikkelteam, et cetera).

■ TIPS 'N TRICKS

- Het Product Vision Board van Roman Pichler is een handig hulpmiddel voor het verder uitwerken van de visie. Het bord geeft zicht op de overkoepelende visie, de verschillende doelgroepen, hun behoeften, de belangrijkste product features (die invulling geven aan deze behoeften) en de waarde van het product voor de eigen organisatie.
- Een veelgebruikt hulpmiddel bij het onderzoeken van het stakeholder landschap is de zogenaamde invloed/ belang matrix van Mendelow.
- Het Product Canvas van Roman Pichler is een handig hulpmiddel voor het vastleggen van meer high level-aspecten voor het product. Het biedt een overzicht van het te ontwikkelen product en is bedoeld als communicatiemiddel richting alle betrokken partijen.
- Door de product roadmap op de lange termijn in grove, globale epics te beschrijven voorkom je dat te veel werk moet worden weggegooid wanneer het plan moet worden bijgesteld.
- User Story Mapping van Jeff Patton is een sterke practice om, vanuit verschillende epics, meer logisch samenhangende waardevolle releases op te leveren. User Story Mapping kan ook, middels reverse engineering, gebruikt worden om meer samenhang aan te brengen in een te groot en onoverzichtelijk productplan.

10 Het managen van een productplan

Het productplan staat bekend onder namen als product, area, program, solution of portfolio backlog in verschillende frameworks. De backlog is een instrument dat eenvoudig is te begrijpen, maar toch complex om het in de praktijk op de juiste wijze te gebruiken. We komen in de praktijk te vaak backlogs tegen die onnodig gedetailleerd zijn, een overvloed aan items bevatten, items hebben waar geen indicatie van waarde in zit, gefocust zijn op het *hoe* in plaats van het *wat* en ga zo maar door. Het is cruciaal om het product backlog management op correcte wijze ingericht te hebben voordat het idee ontstaat om met meerdere teams in samenhang aan deze backlog te gaan werken.

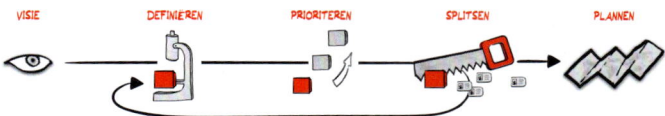

Door een continu proces van definiëren, prioriteren en slicen van items wordt een goed onderbouwd, op waarde gesorteerd en incrementeel releasebaar productplan gecreëerd. Tijdens het definiëren van items wordt de optimale hoeveelheid noodzakelijk informatie bijeengebracht in goede verhouding tot de prioriteit en granulariteit.

Tijdens het prioriteren worden alle items op het productplan onderling gerangschikt op basis van de verwachte waarde in relatie tot de te verwachten benodigde inspanning. Voordat items van de hoogst mogelijke waarde kunnen worden opgepakt, moeten we vanuit eventuele té grote items, kleinere items van meer beperkte omvang gaan afsplitsen (slicen). Het doel is om een continue stroom van kleine, bruikbare versies van het product op te leveren en hier feedback vanuit de gebruikers op te ontvangen. Alle items op het productplan zijn dusdanig onafhankelijk opgezet dat deze steeds toegevoegd, ge(her)prioriteerd, verwijderd of gesplitst kunnen worden.

■ DE BELANGRIJKSTE VRAGEN OM UZELF TE STELLEN

- Worden alle items op het productplan regelmatig ten opzichte van elkaar geprioriteerd zodat continu de hoogste mogelijke waarde wordt geleverd?
- Zijn we in staat om een continue stroom van kleine, bruikbare versies van het product op te leveren en hier ook feedback vanuit de gebruikers op te ontvangen?
- Zijn we in staat om té grote items van het productplan op zo'n manier op te splitsen dat we het meest waardevolle stuk eruit halen en dit los van de rest te kunnen ontwikkelen?
- Zorgen we ervoor dat we niet meer opsplitsen (voorwerk) dan we op korte termijn nodig hebben? Door een goede balans van voorwerk behouden we onze wendbaarheid, het overzicht op de middellange en lange termijn en voorkomen we herwerk.
- Gebruiken we methodes om op een goede manier items op te splitsen zoals bijvoorbeeld POSSIBLES (Personas, Operations, Simplicity, Sequence, Input, Business rules, Levels, Effort, Spike)?

■ HERKENBARE PATRONEN

- Het productplan heeft een beperkte omvang: van het te ontwikkelen product is slechts een minimale set van informatie vastgelegd en details worden pas toegevoegd als we verwachten deze productitems in de aankomende periode te gaan ontwikkelen.
- De verschillende productwensen, -behoeften en -ideeën worden geconcretiseerd vanuit én gelinkt aan de productvisie.
- De waarde van items binnen het productplan is beschreven vanuit het perspectief van de gebruiker en levert een versie van het product (increment) op die afzonderlijk implementeerbaar is.
- Alle items voldoen zo veel als mogelijk aan de INVEST-criteria (Independent, Negotiable, Valuable, Estimable, Small enough en Testable), zodat aanpassingen van het productplan effectief kunnen worden doorgevoerd en de ontwikkeling van het product snel en wendbaar blijft.
- Na een review met de stakeholders en gebruikers waar nieuw opgeleverde functionaliteit ervaren wordt (een feedback-lus), maken we regelmatig aanpassingen in het productplan.

■ HERKENBARE ANTI-PATRONEN

- Het productplan is een enorme lijst met honderden items: het te ontwikkelen product is vrijwel volledig uitgewerkt, bijvoorbeeld via uitgebreide informatieanalyse, functionele en technische ontwerpen en software architecturen.
- Items binnen het productplan zijn door leden buiten het ontwikkelteam uitgewerkt naar een technische oplossing (het *hoe*) in plaats van *wat* er bereikt moet worden.
- Er bestaat een sterke afhankelijkheid tussen items binnen het productplan waardoor ze in een vaste volgorde moeten worden opgeleverd. Hierdoor is het aanpassen van het productplan lastig tot vrijwel onmogelijk.

- Er staan items op het productplan die lang geleden zijn aangemaakt. Vaak weet zelfs de persoon die ze aangemaakt heeft niet meer wat hij/zij ermee bedoelde of waarom het aan het productplan is toegevoegd.
- Items binnen het productplan worden op technische wijze gesplitst waardoor de waarde pas geleverd wordt als alle gerelateerde items zijn ontwikkeld. Bijvoorbeeld een opdeling naar de datalaag, user interface en tussenliggende services.

■ TIPS 'N TRICKS

- Werk regelmatig hulpmiddelen bij in overeenstemming met het actuele beeld, zoals het visiebord, product canvas en story map. Op deze wijze blijven de hulpmiddelen waardevolle input leveren voor het onderhouden van het productplan.
- Gebruik een overzichtelijk productplan als een belangrijk communicatiemiddel naar alle betrokkenen rondom het product, zowel bij degene die de behoefte hebben gesteld, de gebruikers van het uiteindelijke product als degenen die verantwoordelijk zijn voor haar ontwikkeling.
- Maak gebruik van het concept van 'user stories' zoals beschreven door Cohn om focus te houden op functioneel georiënteerde en afzonderlijk op te leveren items. Een user story is een informele, generieke beschrijving van functionaliteit, geschreven vanuit het perspectief van de gebruiker.
- Gebruik slicing patterns zoals POSSIBLES voor het opsplitsen van items, en valideer aan de hand van de INVEST-criteria van Wake of de opgesplitste items op de juiste wijze zijn gedefinieerd.
- Splits nooit meer onderdelen af van grotere items binnen het productplan dan voor de korte termijn noodzakelijk is. Zo behoud je wendbaarheid in je productplan en het overzicht op de middellange en lange termijn.

11 Het ontwikkelen volgens Scrum of Kanban

Om vanuit een team een product voort te brengen, zijn verschillende frameworks beschikbaar. De twee meest bekende en gebruikte framework zijn Scrum en Kanban. Beide hebben een zeer beperkte set van richtlijnen, maar deze frameworks zijn uitstekend geschikt als uitgangspunt voor het creëren van snelle, wendbare teams voor het ontwikkelen van producten in het complex-domein. Toch blijkt in de praktijk dat de essentiële onderdelen van Scrum en Kanban op dusdanige wijze worden geïmplementeerd dat ze niet in lijn met de achterliggende principes worden gebruikt. Goed zicht hebben op de wijze waarop de feedback-lussen in deze frameworks werken om effectieve productontwikkeling te creëren is dan ook erg belangrijk.

De basis van het effectief en efficiënt werken in het complex-domein is terug te vinden in het *Manifesto for Agile Software Development* en deze vormt dan ook het fundament voor het opschalen tot het niveau van enterprise agility. Frameworks die de waarden en principes van het Manifesto ondersteunen zijn geschikt om complex adaptieve problemen te kunnen adresseren. Een complex adaptief systeem is in de systeemtheorie een systeem waarvan de onderling verbonden componenten de mogelijkheid hebben zich aan te passen en te 'leren' van eerdere ervaringen. Scrum en Kanban zijn dan ook beproefde frameworks om snelle, wendbare teams te

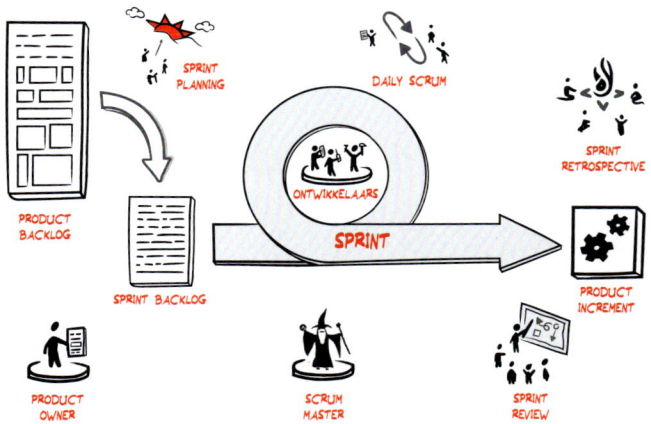

creëren die maximale waarde leveren. Daarnaast faciliteren de frameworks het leveren van producten van de hoogst mogelijke waarde, waarbij het team de vrijheid heeft om te bepalen hoe deze waarde wordt geleverd. Scrum bestaat uit een elftal elementen die het hart van Scrum vormen. Kanban bestaat uit de toepassing van een vijftal basisprincipes. Inspect & Adapt is in alle elementen van beide frameworks sterk geïntegreerd.

■ DE BELANGRIJKSTE VRAGEN OM UZELF TE STELLEN

- Wanneer minimalistische frameworks als Scrum en/of Kanban worden toegepast, hebben mensen dan ook de kennis en het inzicht in de betekenis van het *Manifesto for Agile Software Development*, zodat nieuwe practices die door team worden geleerd de snelheid en wendbaarheid van het team ondersteunen in plaats van beperken?

- Heeft iedereen goed inzicht in de achterliggende gedachte bij de individuele elementen als ook bij de essentiële feedbacklussen die in het gekozen framework worden gebruikt?
- Zijn en voelen de ontwikkelaars zich verantwoordelijk voor het op de juiste manier ontwikkelen van het increment, op basis van een plan voor de sprint (de sprint backlog) én met behoud van de kwaliteit van het increment door vast te houden aan de opgestelde Definition of Done?
- De Scrum events hebben een duidelijke opzet en werking, en bevatten heldere Inspect & Adapt-doelstellingen. Worden deze events op de juiste wijze gehouden en begrijpt iedereen wat in elk event moet worden bereikt?
- Hebben we een visualisatie van de workflow en helpt deze ons met (bijvoorbeeld) de kolommen To do, Doing, Done om overzicht en focus te creëren?

■ HERKENBARE PATRONEN

- Scrum teamleden gedragen zich naar de verantwoordelijkheid die ze hebben behorend bij hun rol. De product owner heeft de verantwoordelijkheid dat het Scrum team werkt aan die aspecten die de hoogste waarde vervullen, de ontwikkelaars hebben de verantwoordelijkheid dat het product op de juiste manier wordt ontwikkeld en de Scrum master dat het Scrum team continu verbetert en steeds sneller leert.
- De ontwikkelaars staan in rechtstreeks contact met de materiedeskundigen om samen met hen te kijken naar de wijze waarop het product moet worden ontwikkeld. Door minder vooraf te analyseren en meer te bouwen kan direct bij de gebruikers worden getoetst of de ontwikkelaars goed hebben begrepen wat de gebruikers daadwerkelijk nodig hebben.

- Scrum teams zijn verantwoordelijk voor alle product-gerelateerde activiteiten, waaronder de samenwerking met stakeholders, de ontwikkeling en het onderhoud van het product, verificatie van de opgeleverde waarde, het uitvoeren van experimenteren en al het andere dat nodig is om het sprintdoel te behalen.
- Scrum teams zijn multidisciplinair en beschikken over alle benodigde vaardigheden om elke iteratie waarde te creëren. Alle benodigde skills zijn binnen het Scrum team aanwezig.
- De keten is in control doordat bij het gebruik van Kanban de flow gemeten en gemanaged wordt, bijvoorbeeld door middel van een cumulatieve flow diagram en control chart.

■ HERKENBARE ANTI-PATRONEN

- De principes van het *Manifesto for Agile Software Development* worden vaak als 'goede voornemens' gehanteerd in plaats van expliciete uitgangspunten.
- Er worden 'extra practices toegevoegd' en 'bestaande practices geoptimaliseerd' om beter aan te sluiten bij de bestaande praktijk binnen organisaties, zonder te toetsen of daarmee de principes nog worden gerespecteerd die nodig zijn voor het verantwoord ontwikkelen in het complex-domein.
- Producten worden iteratief in plaats van incrementeel ontwikkeld waardoor weliswaar voortdurend technisch werkende software wordt ontwikkeld maar pas na lange tijd functioneel in gebruik kan worden genomen.
- De product owner heeft geen volledig mandaat over de functionele kant, de technische kant of beide. Deze situatie is vaak te herkennen aan termen als 'technisch product owner', 'proxy product owner' of 'team product owner'.
- Scrum masters krijgen een rol waarbij zij zich enkel op het team richten. Ze vergeten of krijgen het mandaat niet om de organisatie

te coachen en te trainen in het adopteren van Scrum en het effectief kunnen samenwerken met het Scrum team.

■ TIPS 'N TRICKS

- Gebruik een sprint backlog en werk in sprints. De sprint backlog is een plan voor en door de ontwikkelaars en is samengesteld uit: het sprintdoel (het **waarom**), de daarbij geselecteerde product backlog items (het **wat**) en een uitwerking hoe de eerste items te ontwikkelen (het **hoe**).
- Werk vanuit een sprintdoel. Het sprintdoel is zeer belangrijk, omdat het door het Scrum team gezamenlijk gedefinieerd wordt en omdat het hetgeen is waarover de ontwikkelaars commitment geven. Indien de werkzaamheden tijdens de sprint anders blijken te verlopen dan de ontwikkelaars hadden verwacht, werken zij binnen de sprint met de product owner samen om de scope van de sprint backlog bij te stellen, zonder daarbij het sprintdoel aan te tasten.
- Het gebruiken van een WIP (Work In Progress) limiet zorgt voor focus en ondersteunt de flow in het voortbrengingsproces. "Stop starting, start finishing" is een zeer toepasselijke en waardevolle uitspraak.
- Creëer een omgeving waarin de medewerkers mogen experimenteren, ontdekken en plezier hebben in zowel het creëren als leren. Doordat zij zich realiseren dat fouten maken onvermijdelijk is, maar fouten door de korte feedback lussen wel snel worden ontdekt, blijft de schade beperkt en wordt er extreem snel geleerd.
- Voor het meten van de Scrum volwassenheid zijn self-assessments beschikbaar zoals guidingscrum.nl. Mike Cohn heeft daarnaast wekelijks interessante tips hoe het werken met Scrum verder te verbeteren.
Abonneer je op zijn mailinglist via mountaingoatsoftware.com.

12 Het beschikbaar stellen volgens DevOps

De *Scrum Guide* stelt specifiek dat het Scrum team volledig verantwoordelijk is voor alle product-gerelateerde activiteiten inclusief 'verification, maintenance and operation'. Voor veel (middel)grote organisaties ligt hierin een uitdaging. De verschillende werkzaamheden van het ontwikkelen, beheren (Dev) en daaraan gerelateerde operations (Ops) zijn van oudsher bij verschillende afdelingen of zelfs units ondergebracht. Dat gescheiden werken leidt tot sterke afhankelijkheden en vertragingen in de voortbrengingsketen. De afhankelijkheden en vertragingen worden sterk zichtbaar in het geval wanneer extreem snelle aanpassingen moeten worden doorgevoerd. De DevOps-beweging geeft inzicht (via publicaties, webinars, et cetera) hoe de uitdagingen geadresseerd kunnen worden en de invulling van verantwoordelijkheden op een andere wijze ingericht kan worden.

Een Scrum of Kanban team is tegenwoordig verantwoordelijk voor het geheel. Naast het ontwikkelen van een product is het team ook verantwoordelijk voor het releasen en beheren van een product. Door continu een product uit te leveren, wordt het team in staat gesteld om sneller te leren. Met het leren worden veel problemen die we in de praktijk tegenkomen snel onderkend en kunnen deze voor de toekomst voorkomen worden. Het product levert pas waarde

12 Het beschikbaar stellen volgens DevOps

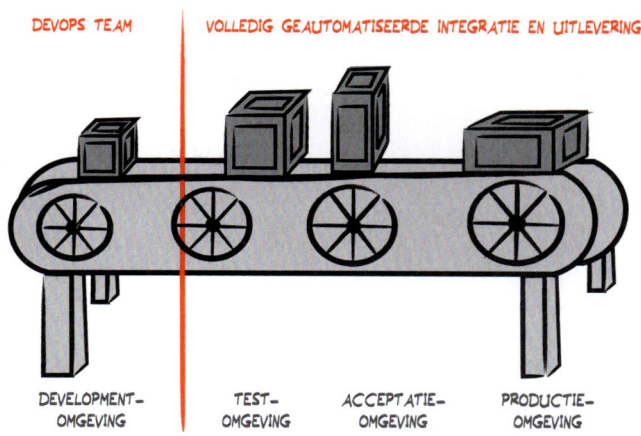

wanneer deze in de praktijk gebruikt wordt. In projecten rondom productontwikkeling loopt de mate van risico sterk op in relatie tot de tijdspanne tussen coderen en releasen. De snelheid en wendbaarheid zijn afhankelijk van de langzaamste schakel in de volledige product development cycle. DevOps richt zich op het samenbrengen van de werelden van development en operations door een sterke focus op aspecten als cultuur, automatisering, lean, meten en delen. Deze beweging vergroot het eigenaarschap en zelforganisatie van het DevOps team als geheel.

■ DE BELANGRIJKE VRAGEN OM UZELF TE STELLEN
- Zijn ontwikkelteams in staat om end-to-end zelfstandig verantwoordelijkheid te kunnen nemen over het gerealiseerde product?
- Met welke snelheid zijn we in staat om een aanpassing die nu in de ontwikkelomgeving wordt uitgevoerd ter beschikking te stellen aan de gehele organisatie?

- Zijn Scrum teams in staat om zelfstandig het product in de run-omgeving te monitoren én potentiële problemen te detecteren voordat incidenten worden gemeld?
- Hebben we meer dan één versie van het product in de ontwikkel-, test-, acceptatie- en/of productieomgeving? En waarom is dat noodzakelijk? Wat staat er in de weg om één versie te hebben in alle omgevingen?
- Hebben we in de context van DevOps alleen oog voor verregaande automatisering van het voortbrengingsproces, of houden we ook rekening met de culturele aspecten, het Lean gedachtegoed, effectieve metrieken en nauwe samenwerking tussen mensen?

■ HERKENBARE PATRONEN

- Scrum teams integreren continu hun werkzaamheden, en zorgen daarmee voor snelle feedback lussen binnen het team en/of de organisatie ten aanzien van de actuele staat waarin het product zich bevindt.
- Scrum teams leveren minimaal elke sprint, maar liever meerdere keren per sprint, het actuele product increment uit naar de productieomgeving.
- De organisatie neemt de continue stroom van product incrementen ook direct, of minimaal elke sprint, daadwerkelijk in gebruik, zodat feedback vanuit het daadwerkelijke gebruik kan worden meegenomen in de ontwikkeling van het product.
- Het vier-ogen-control-principe wordt grotendeels via de CI/CD-pijplijn geautomatiseerd, waarbij aanpassingen in de set van kaders expliciet worden gescheiden van aanpassingen in het product dat door de CI/CD-pijplijn wordt gehaald.
- Het ontwikkelteam kan aspecten van de test-, eventuele acceptatie- en productieomgeving alleen aanpassen vanuit

de ontwikkelomgeving, zodat eventuele wijzigingen uniform in het gehele landschap worden doorgevoerd.

■ HERKENBARE ANTI-PATRONEN
- Een product wordt bedacht en ontwikkeld door een andere groep mensen dan de groep die het betreffende product onderhoudt en beheert.
- Beheerders willen het liefst zo min mogelijk wijzigingen in het product doorvoeren. Iedere wijziging is een potentieel gevaar voor verstoringen en gaat ten koste van de beschikbaarheid van de dienstverlening. Hierdoor is het slechts op een klein aantal jaarlijks vastgestelde momenten mogelijk vernieuwing door te voeren.
- De feedback lussen vanuit het gebruik van het product (usage, incidenten, errors, et cetera) zijn niet beschikbaar voor de Scrum teams die het product ontwikkelen.
- De ontwikkel-, test-, acceptatie- en productieomgeving zijn in hoge mate verschillend van elkaar waardoor incidenten kunnen optreden doordat het product in een 'andere' omgeving wordt geïnstalleerd.
- Hotfixes worden direct op de test-, acceptatie- en productie-omgeving doorgevoerd om snel een incident te kunnen oplossen.

■ TIPS 'N TRICKS
- Beleg het eigenaarschap over het product en proces zo dicht mogelijk bij de mensen die het product maken of het proces uitvoeren; denk aan het niveau van de teams. Dit biedt de meeste kans op succes, eigenaarschap, zelforganisatie en een hoge kwaliteit.

- Zorg voor een aanpak waarbij de transformatie van losstaande Dev en Ops teams stapsgewijs en in fasen gaat. Geef de teams de tijd om aan elkaars positie te wennen en aan het integrale klantbelang.
- Investeer in een goede CI/CD-omgeving waarin niet alleen effectief kan worden gebouwd, geïntegreerd, gepackaged en gedeployed, maar ook de validatie van essentiële kaders kan worden geautomatiseerd.
- Zorg dat aanpassingen voor zowel het product increment, platformen als ook de infrastructuur vanuit de ontwikkelomgeving worden doorgevoerd, zodat alle wijzigingen onder versiebeheer worden doorgevoerd en traceerbaar zijn.
- Door het gebruik van feature en release toggles laat je de business bepalen wanneer en voor welke gebruikersgroepen de functionaliteit fasegewijs ter beschikking komt en zijn ontwikkelteams altijd in staat de laatste versie van het product increment in productie te brengen.

13 Het valideren van geleverde waarde

In de praktijk merken we dat organisaties nog veel nadruk leggen op het inzichtelijk krijgen van de productiviteit van de ontwikkelteams. Het is maar de vraag of we hier, op het niveau van de organisatie, het juiste inzicht ontwikkelen. Is het niet veel belangrijker om de opgeleverde waarde te valideren? Heeft onze productiviteit iets opgeleverd in positieve of juist in negatieve zin? Als het gaat om leren in de voortbrengingsketen treft u drie essentiële feedback-lussen. De ontwikkelaars richten zich daarbij op de opgeleverde output. Denk daarbij aan de kwaliteit van het product, de hoeveelheid incidenten, de productiviteit, et cetera. Gewapend met de informatie rondom de output kunnen zij zowel het product als de ontwikkeling van het product verbeteren. Product owners richten zich op de outcome van het product en valideren of de functionaliteit van het product de meest belangrijke behoeften van de stakeholders (gebruikers) vervult. De business richt zich op het valideren van de beoogde impact: kunnen met het product ook daadwerkelijk de beoogde resultaten in de business worden bereikt?

In de praktijk blijkt echter dat vaak de verkeerde aspecten van het resultaat door de verkeerde rollen op de verkeerde wijze worden gemeten en de gemeten waarden verkeerd worden geïnterpreteerd. Ontwikkelteams moeten zich richten op het valideren van de output

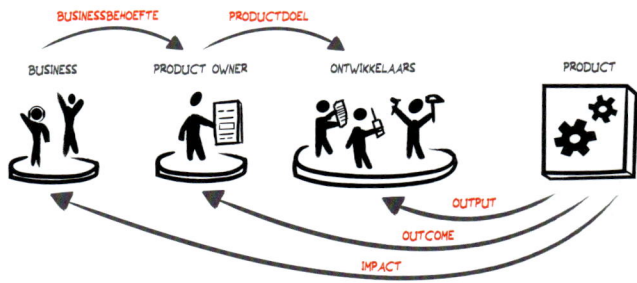

(doet het product wat hij zou moeten doen). De product owners moeten zich richten op het valideren van de outcome (kunnen de gebruikers met het product wat we ermee zouden willen doen). Stakeholders en business owners moeten zich richten op de impact (bereiken we met het product wat we ermee willen bereiken). Deze feedback lussen binnen de organisatie vallen logisch in elkaar wanneer de verschillende rollen zich richten op het valideren van hun eigen resultaat en daarvan leren. Het is belangrijk om de resultaten die door de snelle, wendbare teams worden opgeleverd te valideren. Hoe snel en wendbaar kunnen teams werkelijk zijn wanneer er niet wordt gevalideerd?

■ DE BELANGRIJKE VRAGEN OM UZELF TE STELLEN

- Hebben we een duidelijk beeld van wat geleverde waarde is en hoe deze concreet kan worden gemaakt binnen de organisatie?
- Kijken we tijdens de sprint review met de stakeholders en gebruikers in welke mate het product- en sprintdoel daadwerkelijk bereikt is of wordt? Of kijken we alleen naar welke output is geproduceerd?
- Nemen ontwikkelaars de volledige verantwoordelijkheid voor het product increment (de output) op basis van de Definition of Done en de kwaliteit die daarmee samenhangt?

- Neemt de product owner de volledige verantwoordelijkheid voor de opgeleverde capabilities (de outcome) op basis van de gestelde product doelen en de daarmee toegevoegde waarde voor gebruikers?
- Neemt de business de volledige verantwoordelijkheid voor het meten van het effect (de impact) van het gebruik van deze capabilities in de uitvoering van de business op basis van de gewenste businessdoelstellingen?

■ HERKENBARE PATRONEN

- Bij het inventariseren van behoeften wordt door de business samen met de product owner gekeken *wat* nodig is (outcome) en *wat* het gewenste effect binnen de business zou moeten zijn (impact).
- Product owners zijn in staat om inzicht te geven wanneer een capability wordt verwacht en welke capabilities naar verwachting op een specifiek moment ter beschikking gesteld kunnen worden.
- Tijdens de sprint review kijken we of het sprintdoel is bereikt (output) én of de stakeholders met dit increment (outcome) ook daadwerkelijk waarde (impact) kunnen realiseren.
- Er zijn geautomatiseerde dashboards waarmee de ontwikkelteams eenvoudig inzicht krijgen in aspecten van hun geleverde output en waarmee de teams zich makkelijker op kwaliteit kunnen focussen.
- De outcome valideren na het opleveren van het increment is een essentiële activiteit. Kunnen de gebruikers dat wat ze met het product hadden willen doen? Verwezenlijken de gebruikers daarmee ook hun doelen?

■ HERKENBARE ANTI-PATRONEN

- Ontwikkelteams focussen zich op het snel ontwikkelen van producten op basis van een door stakeholders en gebruikers specifiek aangedragen oplossing in plaats van zich te richten op wat stakeholders en gebruikers met die oplossing willen bereiken.
- Product owners (of managers) maken zich druk over het maximaliseren van de hoeveelheid gerealiseerde functionaliteit (output) in plaats van zich druk te maken over de ontwikkelde capabilities (outcome). Inzicht in het gebruik van de geleverde capabilities worden niet door de product owner vastgesteld.
- Inzicht in de kwaliteit van het product en productiviteit van het team lopen niet rechtstreeks naar het ontwikkelteam, maar worden opgeleverd aan anderen die daarmee interventies (willen) gaan doen binnen het team.
- Het meten van de daadwerkelijke impact door het gebruik van de geleverde capabilities in de praktijk wordt niet of nauwelijks door de business uitgevoerd en/of teruggekoppeld.
- De KPI's op het gebied van output, outcome en impact worden gebruikt om anderen te controleren in plaats van de eigen performance te valideren en er zelf van te leren.

■ TIPS 'N TRICKS

- Maak in het ontwikkelen van doelstellingen bewust onderscheid tussen output (resultaten van activiteiten), outcome (de capabilities die via de output aan de organisatie worden geleverd) en impact (het effect dat de outcome moet hebben).
- Een strategie alignment workshop helpt organisaties om aan de hand van OGSM, OKR of X-matrices een logische verbinding te leggen tussen de strategie, doelstellingen, KPI's en businessinitiatieven zoals projecten en programma's. Het resultaat van een strategie alignment workshop vormt een goede basis om later de daadwerkelijke impact in de business goed te kunnen meten.

- Zorg dat de feedback-lus expliciet zichtbaar wordt gemaakt, die het causaal verband legt tussen het leveren van slechte output en het niet behalen van sprintdoelen. De grote hoeveelheid van incidenten en problemen zorgt inherent voor minder capaciteit voor het ontwikkelen nieuwe capabilities. Deze expliciete feedback-lus zorgt ervoor dat het team gaat werken aan kwalitatief hoogwaardige output om daarmee minder tijd kwijt te zijn met beheerwerkzaamheden.
- Meet steevast of de ontwikkelde producten de investering rechtvaardigen. Als de business de baten niet weet te incasseren is de gehele investering van de productontwikkeling waardeloos.

DEEL C
Agility op het niveau van het cluster

In deel C van deze pocketguide gaan we in op de noodzaak van agility op clusterniveau. We kijken naar de wijze waarop meerdere teams gezamenlijk een product ontwikkelen. Hierin gaan we dieper in op het structureren van meerdere teams, de opzet en werking van cluster agility, de directe ondersteuning van een cluster door support-, system- en platformteams en de indirect ondersteuning door een clustermanagementteam. Kortom, hoe houd je de snelheid en wendbaarheid van een enkel team in stand wanneer deze wordt opgeschaald naar een intensieve samenwerking tussen meerdere teams?

14 De noodzaak van cluster agility

Afhankelijkheden! Een cruciale factor die de snelheid en wendbaarheid van teams drastisch beïnvloedt is afhankelijkheid. Wanneer de capaciteit van een enkel team onvoldoende is voor de ontwikkeling van het product kom je voor een cruciale vraag te staan: "Gaan we het product splitsen of de afhankelijkheden beheersen?" Het antwoord op deze vraag zou een bewust besluit moeten zijn in plaats van een onderkend gevolg. Toch wordt helaas té vaak klakkeloos het geadopteerde schalingsframework gevolgd zonder bewuste besluiten te nemen, met alle gevolgen van dien. Schalingsframeworks zijn frameworks die een organisatie helpen om ook met meerdere teams snel en wendbaar te zijn. Voorbeelden van schalingsframeworks zijn Scaled Agile Framework (SAFe), Large Scale Scrum (LeSS) en Nexus.

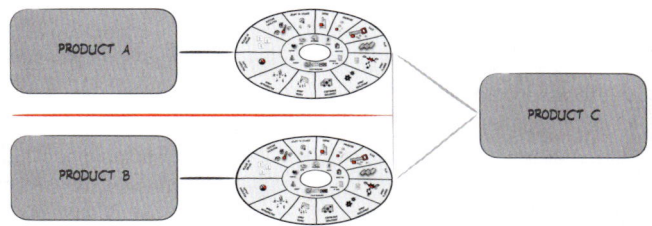

Enterprise agility komt voort uit de effectieve en efficiënte samenwerking van snelle, wendbare teams. Het is de uitdaging om de hoge mate van agility van een enkel team te behouden bij het opschalen naar meer producten en/of meer teams. Wanneer meer teams toegevoegd worden om de capaciteit te vergroten, moeten we als organisatie een keuze maken tussen 'product agility' of 'enterprise agility'. Als u wendbaarheid wilt op het niveau 'van elk product' (product A is altijd net zo belangrijk als product B), wilt u zoveel mogelijk onafhankelijke ontwikkelteams creëren. Als u wendbaarheid wilt 'over de producten heen' (het belang om product A of B verder te ontwikkelen is afhankelijk van de situatie) wilt u de productdefinitie verhogen en samenwerking van teams inrichten volgens het principe van alignment en autonomie; dit wordt het 'cluster concept' genoemd. Voor het schalen van het aantal teams in het cluster zijn er twee beperkende factoren: het cognitieve vermogen van de mensen om het domein te kunnen overzien en de noodzakelijke skills binnen het cluster.

■ DE BELANGRIJKE VRAGEN OM UZELF TE STELLEN

- Welke impact (positief of negatief) heeft een van boven af opgelegde verandering op de werking van individuele teams? Hebben we zicht op die impact? Kunnen we de impact herleiden naar de genomen besluiten?
- Willen we wendbaarheid en snelheid op het niveau van 'elk product apart' (product agility) of 'over producten heen' (enterprise agility)?
- Wanneer er gekozen is voor enterprise agility, vindt de besluitvorming ten aanzien van de producten dan inderdaad plaats op het overkoepelende niveau ten opzichte van de teams?
- Kunnen we afhankelijkheden tussen teams reduceren in plaats van managen aangezien het aantal afhankelijkheden tussen

teams een directe negatieve invloed heeft op de snelheid en wendbaarheid van de organisatie?
- Is het mogelijk om de productdefinitie te verhogen, en zo meer teams aan een product te laten werken, die op deze manier altijd aan het belangrijkste item werken?

■ HERKENBARE PATRONEN
- Bij het opschalen van teams op basis van 'enterprise agility' is er continu aandacht voor de principes van alignment en autonomie. Hierbij is alignment noodzakelijk om de teams effectief met elkaar te laten samenwerken en alleen die afstemming te organiseren die nodig is om dat voor elkaar te krijgen. Autonomie is hierbij noodzakelijk om de snelheid en wendbaarheid van het enkele team op niveau te houden.
- Bij het verbeteren van de voortbrengingsketen gaat het de organisatie niet om het verhogen van de performance van een enkel afzonderlijk team, maar om de performance van het gehele voortbrengingsproces.
- Bij 'product agility' worden afhankelijkheden tussen producten tot een minimum gereduceerd en zijn producten qua opzet, werking, techniek en ontwikkeling niet of zo min mogelijk aan elkaar verbonden.

■ HERKENBARE ANTI-PATRONEN
- Vanuit organisatieperspectief worden generieke 'verbeteringen' doorgevoerd die de efficiëntie van de teams moeten verhogen, maar ten koste gaan van de effectiviteit van de teams. Het generiek verbeteren van efficiëntie in plaats van verbeteren van effectiviteit heeft een negatief effect op de snelheid en wendbaarheid van de individuele teams.

- Bij het opschalen met extra teams worden nieuwe processtappen geïntroduceerd die de doorlooptijd van de voortbrengingsketen (ernstig) vertragen.
- Teams zijn niet goed gestructureerd waardoor een ingewikkeld netwerk van afhankelijkheden is ontstaan. Hierdoor is uitvoerige coördinatie, afstemming en controle nodig tussen de teams, wat uiteindelijk leidt tot een op de waterval-methodiek gebaseerde voortbrengingsketen.

■ TIPS 'N TRICKS

- Focus bij verbeteringen in de voortbrengingsketen eerst op effectiviteit en vervolgens op efficiëntie.
- De principes van 'enterprise agility' vormen gezamenlijk de basis van het mechanisme om te valideren of een voorgestelde verbetering in de praktijk de uitgangspunten van 'enterprise agility' schendt.
- Monitor in iedere iteratie of het invullen van nieuwe behoeften nog opweegt tegen de investering van tijd en geld die ermee gepaard gaat.
- Als de capaciteit in de organisatie moet groeien, splits een team dan niet. Voeg in plaats daarvan een heel nieuw team toe, met beperkte ondersteuning van het bestaande team. Het zorgt ervoor dat het oude team kan blijven performen zoals ze dat deden. En ook zorgt dit voor een maximale groeicurve bij het nieuw team.

15 De mogelijkheden om meerdere teams te structureren

Wie kent het niet? Het product s succesvol en de organisatie wil meer features die sneller worden opgeleverd. Het initiële team wordt uitgebreid met nieuwe collega's en de neveneffecten van de vorming van een groter team nemen de overhand. Het idee ontstaat om het team te splitsen in twee teams. Nu komt de vraag: 'Hoe?' Op papier lijkt het een eenvoudige exercitie, maar in de praktijk blijkt het een behoorlijke uitdaging. Splitsen we het product en hebben we twee separate producten, voor ieder team één? Splitsen we in twee gelijkwaardige teams die samen aan één product werken, en hoe organiseren we die samenwerking? Splitsen we op basis van functies en rollen van teamleden en hoe behouden we dan snelheid en wendbaarheid in de voortbrengingsketen? Dit zijn vraagstukken waar we verder op in moeten zoomen.

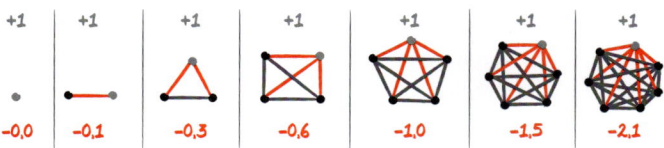

Als we gaan schalen naar het niveau van clusters dan willen we 'alignment tussen teams' introduceren zonder daarmee de snelheid en wendbaarheid van het werken met één enkel team teniet te doen. De remmende werking van het aantal afhankelijkheden tussen mensen en / of teams neemt bij die lineaire uitbreiding versneld toe. We kennen meerdere varianten van teamsamenstelling: product teams, component teams en feature teams. Product teams verhogen de wendbaarheid op het niveau van individuele producten, maar niet de wendbaarheid op het niveau van de organisatie. Ondanks dat component teams een aantal voordelen bieden voor de teamleden, leidt de toepassing van component teams in de voortbrengingsketen altijd tot een sterke toename van het aantal afhankelijkheden tussen teams en veelvuldig ook tot een volledige sequentiële wijze van productontwikkeling.

Door gebruik te maken van feature teams minimaliseren we de afhankelijkheden die tussen teams ontstaan en creëren we een cluster dat schaalbaar is tot een maximum van negen teams. Het is belangrijk om bij de keuze van teamsamenstelling en het schalen helder voor ogen te hebben welke snelheid en wendbaarheid u binnen de organisatie nastreeft. Een cluster, met maximaal negen teams, richt zich altijd op één product, heeft daarmee één product owner en dus één product backlog.

■ DE BELANGRIJKE VRAGEN OM UZELF TE STELLEN

- Hebben we bij het opschalen van teams genoeg aandacht gehad voor het reduceren van de afhankelijkheden en is de maximale snelheid en wendbaarheid van een enkel team behouden?
- Kan een hoog geprioriteerd item door ieder willekeurig (feature) team binnen een cluster relatief eenvoudig worden opgepakt? Zo niet, wat moeten we organiseren zodat dit voortaan wel kan?
- Zijn de ontwikkelteams verantwoordelijk voor alle product-gerelateerde activiteiten? Denk hierbij aan afstemming met gebruikers

en integratie tussen verschillende componenten binnen het product. Is de eenvoud die we hadden met één enkel team nog steeds aanwezig?
- Hebben de gesplitste teams alle skills in huis die zij nodig hebben om onafhankelijk van andere teams te kunnen werken? Weten we dat?
- Wanneer we geen gebruik maken van feature teams, hoe is het reduceren van zoveel mogelijk afhankelijkheden tussen de componenten en/of producten geregeld?

■ HERKENBARE PATRONEN

- Verbeteringen die afhankelijkheden reduceren worden omarmd, terwijl voorstellen die de afhankelijkheden doen toenemen aandachtig tegen het licht worden gehouden en slechts spaarzaam worden ingevoerd.
- Teams kunnen met de gekozen inrichting, zonder of slechts met minimale impact op de voortbrengingsketen, nog steeds zelfstandig waarde toevoegen. Hiermee behouden we zoveel mogelijk de voordelen van het snel en wendbaar werken, waarbij de slagkracht dan wel vergroot die vanuit de samenwerking met meerdere teams ontstaat.
- Bij het splitsen van een team voor één product wordt elk nieuw team zoveel mogelijk gelijkwaardig ingericht. Hierbij zorgen de teamleden in hun ontwikkeling als team dat eventuele ontstane gaten in hun kennis en vaardigheden met elkaar opgevuld worden. We noemen deze teams 'feature teams'. Dergelijke teams zijn in staat om een volledige feature van begin tot eind zelfstandig te verwezenlijken.
- Door het continu integreren van aanpassingen in het product worden eventuele conflicten door gelijktijdige aanpassingen (door verschillende ontwikkelaars binnen hetzelfde team of tussen verschillende teams) snel onderkend en zijn daardoor ook relatief

eenvoudig op te lossen. Dit maakt het gelijktijdig werken door meerdere teams aan hetzelfde product mogelijk.

■ HERKENBARE ANTI-PATRONEN
- Prestaties van individuele teams worden gemeten en met elkaar vergeleken, zonder oog te hebben voor de prestaties van het gehele cluster.
- Met de wens om sneller te produceren worden ongelimiteerd mensen toegevoegd aan één team.
- Splitsing van teams gebeurt op basis van natuurlijke neiging van mensen. Er ontstaan teams waarin collega's met hetzelfde interessegebied of dezelfde competenties bijeen blijven, bijvoorbeeld een front-end en een back-end team. Teams zijn hierdoor niet in staat zelfstandig een geheel product te produceren en dus creëren we toenemende afhankelijkheden.
- Door gespecialiseerde component teams met een grote afhankelijkheid van elkaar als het gaat om het product als geheel is een volledig sequentiële wijze van productontwikkeling ontstaan. Door de ontstane complexiteit kan geen enkel team zelfstandig meer het gehele product overzien. De focus is komen te liggen op de output per component team, aangezien niemand meer de outcome en daarmee de impact nog kan meten.
- Coördinerende rollen zijn noodzakelijk om afhankelijkheden tussen de teams binnen het cluster op elkaar af te stemmen.

■ TIPS 'N TRICKS
- Zorg ervoor dat teams en clusters niet te groot zijn. Als de overhead binnen een team groter wordt dan de opbrengst van het toevoegen van één enkele persoon, dan wordt het team als geheel minder snel. Er komt dus een moment dat een team té

groot is. Splits teams daarom tijdig, bij voorkeur in de vorm van feature teams.
- Hoe groter het aantal producten en daarmee het aantal product backlogs, hoe groter de kans dat veel ontwikkelteams niet aan de belangrijkste behoeftevervulling voor de gehele organisatie werken. Door het verhogen van de productdefinitie (en het vormen van clusters van teams) wordt het aantal product backlogs gereduceerd en kunnen er meer ontwikkelteams aan het belangrijkste werk voor de organisatie werken.
- Schaal op basis van feature teams. Deze teams hebben niet tot nauwelijks afhankelijkheden bij het kunnen oppakken van product backlog items. Zij beschikken over de nodige kennis en kunde om items om te kunnen zetten in gewenste functionaliteit, of zij werken actief aan verkrijgen van die kennis en kunde.
- Wanneer u een beperkte groep uitermate schaarse specialisten hebt die nodig zijn bij de productontwikkeling, kun u overwegen om een component team te formeren. Zo lang u maar bewust bent van het extreem remmende effect dat het heeft op alle andere teams doordat er afhankelijkheden geïntroduceerd worden. Het is belangrijk dat een component team een substantieel deel van hun tijd gebruikt om de andere teams te trainen in het zelf kunnen aanpassen van de component. De afhankelijkheden die teams hebben ten aanzien van het component team moeten over tijd gereduceerd worden, waarbij het component team uiteindelijk kan komen te vervallen.
- De mensen die het werk doen zijn als geen ander in staat om optimale teams samen te stellen. Organiseer een workshop waarin de mensen zichzelf organiseren in een optimale teamsamenstelling. Ondersteun de workshop met bijvoorbeeld een skillsmatrix. Met het overzicht van de skillsmatrix kunnen de overdaad en tekorten gevonden worden in de kennis en vaardigheden in de verdeling van teamleden om uiteindelijk als team zelfstandig aan het product te kunnen werken.

16 De opzet en werking van agility op het niveau van een cluster

Hoe meer mensen we toevoegen, hoe langzamer het team wordt?! Deze paradox heeft voor veel problemen gezorgd. Het gezamenlijk ontwikkelen van een product is zeer kennisintensief, vereist een sterk collectief geheugen en een goede samenwerking. Hoe meer mensen samenwerken, hoe moeilijker het wordt om kennis, collectief geheugen en samenwerking goed te ontwikkelen. Het doel is een situatie te creëren waarin twee teams onafhankelijk van elkaar kunnen werken, of met minimale alignment zoveel mogelijk autonomie kunnen behouden.

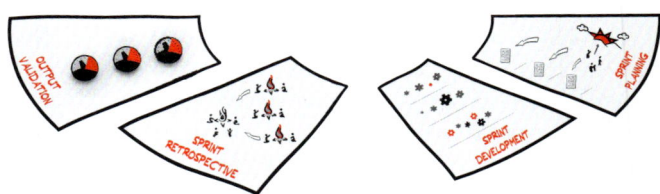

Samenwerking tussen teams binnen een cluster bestaat uit het samen plannen, samen integreren en samen leren. Er zijn drie Scrum events die veranderen door het werken met het cluster-concept: de sprint planning, de sprint (uitvoering) en de sprint retrospective. De originele Scrum events worden aangevuld met 'Inspect & Adapt'-onderdelen op het niveau van het cluster. In de sprint planning bepalen ontwikkelteams onderling en in samenwerking met de product owner, wat tijdens deze sprint bereikt kan worden en welk team daarin welk deel voor haar rekening neemt. De ontwikkelteams werken vervolgens zelfstandig uit hoe het gekozen werk wordt uitgevoerd en stemmen daarbij zelfstandig eventuele afhankelijkheden af met de product owner of de betrokken andere teams. Door tijdens de sprint (uitvoering) continu alle werkende aanpassingen te integreren in het product wordt het risico en de negatieve impact van het met meerdere teams werken in dezelfde omgeving gereduceerd. Binnen een cluster worden duidelijke afspraken gemaakt over wie, wanneer, wat op welke wijze valideert. Op deze wijze kan het cluster de verantwoordelijkheid te nemen voor de output. Naast aandacht voor continu leren binnen het eigen team leren we ook continu over hoe we als teams binnen de samenwerking in het cluster onszelf en het cluster kunnen verbeteren. Dit laatste doen we tijdens de sprint retrospective met een afvaardiging vanuit alle teams.

■ DE BELANGRIJKE VRAGEN OM UZELF TE STELLEN

- Kunnen we bij het opschalen van het aantal mensen twee stabiele, autonome producten creëren of creëren we daarmee ongewenste afhankelijkheden?
- Heeft elk team aan het eind van de sprint planning zijn eigen onafhankelijke sprintdoel?
- Levert de som van de sprintdoelen de maximale waarde voor de stakeholders en de gebruikers en leidt dit qua uitvoering niet tot onnodige complexiteit voor de teams?
- Gebruiken de teams ontwikkeltechnieken als continuous integration, test driven development, test automatisering en feature toggles om te allen tijde een recente versie van één werkend product increment in het versiebeheersysteem te hebben?

- Hebben de ontwikkelteams duidelijke afspraken gemaakt over welk team, op welk moment, welk onderdeel van het product valideert op de correcte werking en uitvoering?

■ HERKENBARE PATRONEN

- De sprint planning wordt in een uitgebreidere vorm uitgevoerd waarbij elk team afzonderlijk haar sprintdoel definieert op basis van het productdoel en rekening houdt met de onderlinge afhankelijkheden tussen de ontwikkelteams. Tijdens deze sessie worden ook aanvullende afspraken gemaakt ten aanzien van het integreren en valideren van het product increment.
- Gedurende de uitvoering van de sprint zien we dat de ontwikkelteams periodiek synchroniseren met elkaar en continu het resultaat van hun werk integreren. Aanpassingen van de zogenaamde 'main line' blijven klein en worden zo snel als mogelijk, correct werkend, teruggeplaatst in de main line waardoor het gevaar op merge-conflicten laag blijft.
- Naast de reguliere sprint retrospective (op Scrum-teamniveau) is er ook een overkoepelende retrospective (op clusterniveau) die zich specifiek richt op het identificeren van verbeteringen op het gebied van de samenwerking in het cluster. Deze overall sprint retrospective wordt gehouden onder een afvaardiging van de ontwikkelaars uit de teams en gefaciliteerd door één van de Scrum masters. De keuze voor de facilitator is op basis van roulatie vanuit de Scrum-teams.
- De product owner is altijd aanwezig bij de overall sprint retrospective. De opzet van de overall sprint retrospective is gericht op het effectief werken als cluster.

■ HERKENBARE ANTI-PATRONEN

- Verschillende ontwikkelteams focussen zich op basis van hun sprintdoel op hetzelfde beperkte onderdeel van het product. De kans is dan groot dat gedurende de uitvoering veel integratie-issues gaan ontstaan en excessieve afstemming noodzakelijk is.
- De inzet van één component team is nodig voor het bereiken van de sprintdoelen van veel andere teams. Wanneer deze afhankelijkheid vooraf niet goed inzichtelijk wordt gemaakt, is de kans groot dat veel teams een sprint gaan plannen die lastig succesvol kan worden afgerond.
- Gedurende de sprint is veel afstemming tussen de verschillende teams noodzakelijk.
- Op de laatste dag van de sprint proberen alle teams de wijzigingen in het product te integreren. Door de hoeveelheid integratie-issues is het product vaak niet op tijd gereed te krijgen voor de sprint review.
- Terwijl het niet gewenst is wordt de sprint review, bij het opschalen naar meer teams, toch aangepast. In plaats van dat met de stakeholders wordt gekeken naar de actuele staat van het product, zien we dat de individuele teams de resultaten van hun sprint presenteren. De sprint review is van origine niet het event om de werkzaamheden van de ontwikkelteams te tonen (en laat staan te accepteren). De aandacht wordt met dit anti-patroon nadelig verlegd van outcome (in welke mate vervult het product de behoefte van de gebruikers) naar output (welke set aan functionaliteit en verbeteringen heeft het team opgeleverd).

■ TIPS 'N TRICKS

- Zorg ervoor dat in de sprint planning de afhankelijkheden zoveel mogelijk gereduceerd worden. Zo ondervinden ontwikkelteams tijdens de uitvoering minder problemen als het gaat om onderlinge synchronisatie en integratie.

- Als continue integratie op een juiste manier wordt gefaciliteerd en uitgevoerd, betekent dit dat aan het eind van de sprint geen aparte activiteiten ondernomen hoeven te worden om alle aanpassingen aan het product increment alsnog te integreren met elkaar. Immers, ieder team doet dat op elk moment gedurende de sprint al.
- De product owner (en eventueel Scrum master van meerdere teams) sluit elke sprint retrospective aan bij een ander team, om zo ook zijn of haar bijdrage in relatie tot het succes van dit ontwikkelteam onderdeel van de sprint retrospectieve te maken.
- Werk bij sprint planning deel 1 (het team-overstijgende deel) en de overall sprint retrospective met een afvaardiging van de ontwikkelaars uit alle ontwikkelteams.

17 Het direct ondersteunen van de primaire flow: support teams

Het is een fantastisch idee: zelforganiserende agile teams die voor alles verantwoordelijk zijn, inclusief contracten, in- en uitstroom, de build, test- en integratieomgeving, het onderliggende platform, etc. De factoren die van beperkende aard zijn, zijn de cognitieve belasting van het team, de noodzakelijke kennis en vaardigheden en de mate waarin het bezig zijn met randvoorwaardelijke taken de focus afleidt van daadwerkelijk outcome (de capability die door een product worden geleverd) leveren. Een middel om teams te helpen is het organiseren van ondersteuning, waarbij het risico bestaat dat ongewenste afhankelijkheden gecreëerd worden. Daarom is het goed om te kijken of ondersteuning wenselijk is, op welke wijze ondersteuning ingericht zou moeten worden en hoe deze ondersteuning een positieve bijdrage levert aan de snelheid en wendbaarheid van het cluster als geheel.

Door de behoefte aan focus en efficiëntie verschijnen bij grotere clusters vaak ondersteunende teams. Het is dan belangrijk om twee verschillende flows te onderscheiden. De individuen en teams die een directe bijdrage leveren aan het vervullen van de behoefte van gebruikers en stakeholders noemen we de *primaire flow*. De individuen en teams die de primaire flow faciliteren noemen we de *secundaire flow*. In grotere clusters of bij ingewikkelde producten kan

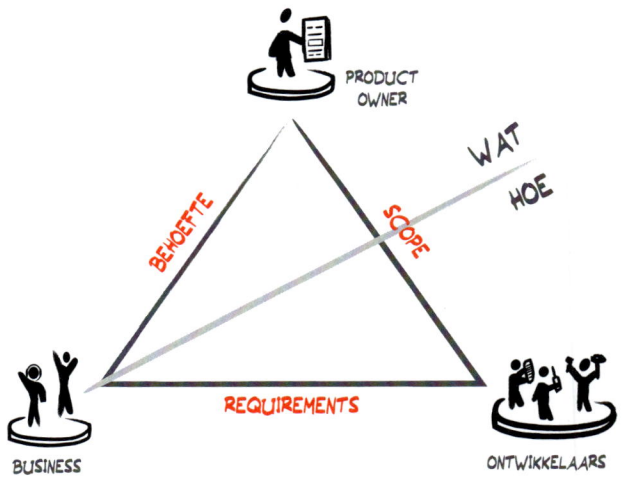

de product owner zich laten ondersteunen door een product owner supportteam (POST). In dergelijke clusters kunnen de ontwikkelteams zich laten ondersteunen door cluster supportteams waarin specifieke skills voor de ontwikkelteams efficiënter worden georganiseerd (zoals een system team) of juist focus hebben op de ondersteunende laag binnen het product (zoals een platform team).

■ DE BELANGRIJKE VRAGEN OM UZELF TE STELLEN

- Zijn de activiteiten die geen directe waarde toevoegen voor de gebruikers of stakeholders echt belangrijk genoeg om uit te voeren? Welke activiteiten kunnen we zonder probleem schrappen of tenminste eenvoudiger maken?
- Als meerdere ontwikkelteams in een cluster samenwerken, is het dan effectief om de activiteiten die geen directe waarde toevoegen (maar wel noodzakelijk zijn voor de teams) te delegeren naar een ondersteunend team?

- Wat doet deze ondersteuning ten aanzien van het eigenaarschap van de ontwikkelteams en de snelheid en wendbaarheid van het cluster als geheel?
- Worden ondersteunende rollen geïntroduceerd tussen de directe relaties van de driehoek: business, product owner en ontwikkelaars? Wat doet het introduceren van extra rollen met de 'directe' relatie aangezien deze relaties samen de primaire flow vormen?
- Zorgen ondersteunende teams vanuit de secundaire flow zoals een product owner supportteam, system team of platform team voor een toename of afname van afhankelijkheden tussen de teams binnen de primaire flow?

■ HERKENBARE PATRONEN

- Er is continu aandacht voor het verminderen van de 'seven deadly wastes' (verplaatsing van informatie/producten, voorraad of overmatig onderhanden werk, (onnodige) beweging van mensen, wachttijden, onnodige handelingen, overproductie en defecten).
- De secundaire flow faciliteert de primaire flow, waarbij ze niet domineert en niet leidend is: efficiëntie van een ondersteunend initiatief mag nooit voorrang krijgen op de effectiviteit van de ontwikkelteams.
- In grotere clusters of bij ingewikkelde producten wordt de product owner ondersteund door een product owner supportteam (POST). Bij kleinere clusters wordt de product owner ondersteund vanuit de ontwikkelteams, bij middelgrote clusters en/of stakeholdergebieden vanuit ondersteunende functies.

■ HERKENBARE ANTI-PATRONEN

- Het delegeren van werk dat geen directe waarde levert voor de gebruikers, maar wel noodzakelijk is, zorgt voor extra afhankelijkheden tussen teams (en dus voor vertraging in het leveren van waarde).
- Specialisten, managers of andere 'ondersteunende' teams nemen het heft in eigen handen en gaan (met alle goede bedoelingen) generieke oplossingen maken voor de ontwikkelteams. Onder het mom van het verhogen van de efficiëntie worden deze oplossingen geïmplementeerd "... ter ondersteuning van alle teams". In dit geval ervaren de teams de 'ondersteuning' als belastend en niet als verlichtend of als hulp.
- Een product owner met onvoldoende zicht op de business of technologie, wordt ondersteund door een zogenaamde business of technisch product owner. Beide varianten zijn absoluut onwenselijk en dit fenomeen druist in tegen de volledige verantwoordelijkheid die de product owner draagt voor het maximaliseren van de waarde van het product.
- Om het werk van de product owner beheersbaar te maken gaan meerdere product owners (vaak productmanagement genoemd) op clusterniveau samenwerken. In dit geval zijn er een veelvoud aan product owners werkzaam in het cluster en dat is een onwenselijke situatie. Het concept van eenhoofdige leiding voorkomt veel onnodige discussie, afstemming en verwarring.
- Elk team heeft een dedicated product owner (vaak team owner of proxy PO genoemd) onder aansturing van de product owner van het cluster. Op deze wijze ontstaan er een extra schakel in de relatie tussen product owner en ontwikkelaars.

■ TIPS 'N TRICKS

- Als er wordt gewerkt met een product owner supportteam moet ingeregeld en zeker gesteld worden dat de product backlog geprioriteerd blijft in overeenstemming met de maximale waarde die de product owner van plan is te leveren.
- Zorg ervoor dat de ontwikkelteams zoveel mogelijk kunnen focussen op activiteiten die waarde toevoegen voor de gebruikers. Stel daarbij de vraag "Als alle ondersteunende teams de komende twee sprints op vakantie zijn, is het cluster nog steeds in staat om kort-cyclisch waarde te leveren?"
- De primaire flow mag in haar voortbrengingsproces nooit afhankelijk zijn van een activiteit of handeling vanuit de secundaire flow. Hierdoor zou de secundaire flow verweven worden met de primaire flow, wat de kans op verstoring en vertragingen enorm doet toenemen. Onderzoek daarom periodiek de aanwezigheid van afhankelijkheden tussen de primaire en secundaire flow.
- Een product owner supportteam zou alleen die kennis en vaardigheden moeten bevatten die qua diepgang en/of capaciteit bij de product owner onvoldoende aanwezig is. Maak hiervoor gebruik van de skillsmatrix.

18 Het indirect ondersteunen van de primaire flow: CMT

Hoor je wel eens uitgesproken worden dat in een omgeving met een hoge mate van agility geen ruimte meer is voor managers? Dat door de hoge mate van zelforganisatie binnen ontwikkelteams de verantwoordelijkheden en taakstelling van managers overbodig zijn geworden? Dat in de primaire rollen van Scrum alle managementtaken al zijn ondergebracht? Hoewel theoretisch er iets voor te zeggen valt, lijkt de praktische uitvoering van het laten vervallen van al het management erg lastig. Het goed leiden van een organisatie in lijn met het gedachtegoed van enterprise agility is vooral tijdens de transformatiefase van de huidige organisatie naar een snelle, wendbare organisatie een uitdaging. Wél is het tijdens de transformatie belangrijk dat de wijze waarop de organisatie geleid én vormgegeven wordt, de gekozen manier van werken ondersteunt en niet verhindert.

 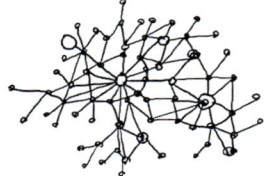 

18 Het indirect ondersteunen van de primaire flow: CMT

De rol van het management rondom de clusters is bij enterprise agility niet overbodig maar verandert wel. De verandering die het vraagt van het cluster managementteam (CMT) heeft een causaal verband met de sterke focus op zelforganisatie die voortkomt uit autonomy, mastery and purpose. Vanuit het principe van zelforganisatie hebben managers geen rol in de primaire flow. Vanuit de secundaire flow hebben zij drie belangrijke hoofdtaken:
- De bedrijfsvoering van het cluster,
- het in werking brengen en houden van 'het systeem' waarin het cluster en de onderliggende teams hun werk doen en
- het oplossen van zogenaamde impediments (belemmeringen) die buiten de invloedssfeer van de clusters en onderliggende teams liggen.

■ DE BELANGRIJKE VRAGEN OM UZELF TE STELLEN
- Ondersteunt de wijze waarop de organisatie wordt geleid én vormgegeven de gekozen manier van werken?
- Ondersteunt (op basis van intent-based leadership) of stuurt (op basis van command & control) het management de primaire flow?
- Richt het management van een cluster, de afdeling of de organisatie zich op haar belangrijkste aandachtsgebieden: de bedrijfsvoering, het in werking brengen en houden van het systeem en het oplossen van organisatie-brede impediments?

■ HERKENBARE PATRONEN
- Het management heeft goed zicht op haar essentiële hoofdtaken en de te bereiken doelstellingen waardoor wijzigingen in een stabiele cadans van overzichtelijke kleine stappen kunnen worden doorgevoerd om zo de organisatie beter uit te rusten voor haar taakstelling.

- Het cluster managementteam (CMT) schept de omgeving waarin de teams gezamenlijk het beste in staat zijn om de visie te bereiken dan wel doelstellingen te behalen.
- Er wordt een vorm van leiderschap gebruikt die het eigenaarschap en de besluitvorming zo dicht mogelijk bij de plek legt waar het werk gedaan wordt, zodat het team met minimale vertragingen kan reageren op de omgeving.
- Ongewenste afwijkingen worden gezamenlijk onderzocht en oplossingen die aansluiten bij de praktijk van het werk worden doorgevoerd in het 'systeem' (de structuur van de organisatie) in plaats van steeds weer opnieuw door het management gecoördineerd.

■ HERKENBARE ANTI-PATRONEN

- Het management is reactief van aard, de focus ligt op het vervullen van acute actie op de dingen waar mensen nu tegenaan lopen en vragen over stellen. Terugkerende incidenten worden continu reactief opgelost zonder proactief met elkaar te werken aan een duurzame oplossing voor het probleem in het organisatiesysteem.
- Het management doet uitspraken over de wijze waarop het team het beoogde resultaat moet halen of welk resultaat behaald moet worden en verzorgt daarmee zijsturing.
- Het management trekt de verantwoordelijkheid van het uitbreiden van een team met een nieuwe medewerker of het vervangen van een medewerker naar zich toe, waardoor het ontwikkelteam wordt verrast met een nieuwe collega in het team.
- Het management creëert vertragingen in de primaire flow.

■ TIPS 'N TRICKS

- Het hanteren van een stijl als intent-based leadership, agile of facilitair leiderschap vraagt vaak om veel nuances in de communicatie en opdrachtverstrekking. Vraag iemand met ervaring in deze stijl als observant om u bewust te maken van eventueel ondermijnende activiteiten.
- Vraag u als manager niet af hoe u zelf het snelst een impediment kan oplossen maar vraag u af waarom de ontwikkelaars en de Scrum master niet in staat waren dit impediment zelfstandig op te lossen en waarom het impediment überhaupt is ontstaan.
- Ondersteunende managers vertellen de teams niet wat zij moeten opleveren maar verzorgen een omgeving waarin de teams optimaal en in samenhang kunnen werken.

DEEL D
Agility op het niveau van de informatievoorziening

In deel D van deze pocketguide gaan we in op de noodzaak van agility op het niveau van de informatievoorziening (IV), waarin gekeken wordt hoe meerdere clusters gezamenlijk een product kunnen ontwikkelen. We gaan dieper in op het structureren van meerdere clusters, de opzet en werking van agility op het niveau van de informatievoorziening, het verhogen van de voorspelbaarheid van het portfolioproces en de werking van ondersteunende afdelingen als infrastructuur, architectuur en security. Kortom, hoe houd je de snelheid en wendbaarheid van een enkel team in stand wanneer deze wordt opgeschaald naar meerdere clusters?

19 De noodzaak van IV agility

In veel (middel)grote organisatie zijn clusters (met maximaal negen teams) niet altijd in staat om volledig zelfstandig producten voort te brengen. Afhankelijkheden door gezamenlijke datasets, het draaien op een gedeelde infrastructuur of ontsluiting via een gezamenlijk klantportaal zijn voorbeelden waardoor meerdere producten in samenhang moeten worden aangepast. Wanneer de afzonderlijke clusters onafhankelijk prioriteren kunnen enorme vertragingen ontstaan in de snelheid en wendbaarheid van de organisatie als geheel. Aandacht voor agility op het niveau van de informatievoorziening is noodzakelijk om oplossingen te vinden om de snelheid en wendbaarheid van de informatievoorziening als geheel te behouden.

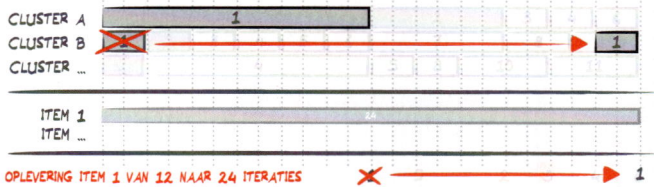

Wanneer een enkel cluster niet meer capaciteit kan leveren dan voor het ontwikkelen van een product nodig is, ontstaat de uitdaging op welke wijze meerdere clusters effectief kunnen samenwerken met minimale impact op hun autonomie. Onderlinge afhankelijkheden tussen clusters laten vaak vertragingen ontstaan, doordat de prioriteit van het cluster-overstijgende item niet door ieder betrokken cluster gelijkwaardig wordt ingeschat. Het over clusters heen definiëren van de prioriteit leidt, wanneer deze rigide moet worden gevolgd, eveneens tot problemen. Product owners hebben zelf het inzicht nodig om zelfstandig te kunnen bepalen welke prioriteit wordt gegeven aan zowel de eigen items als de voor andere clusters noodzakelijke items.

Wanneer meerdere oplossingsrichtingen mogelijk zijn voor het vervullen van de behoefte uit de business, kan alleen op het niveau van de informatievoorziening een keuze gemaakt worden tussen de verschillende oplossingsrichtingen. Ook mag het valideren van de outcome en impact van cluster-overstijgende oplossingen niet van één enkel cluster worden verwacht. Door binnen de informatievoorziening één portfolio te introduceren worden de product owners en clusters ondersteund in het voorbereiden, coördineren en valideren van het vervullen van cluster-overstijgende behoeften.

■ DE BELANGRIJKE VRAGEN OM UZELF TE STELLEN

- Zijn mijn clusters van ontwikkelteams niet groter dan negen teams, met een voorkeur voor vijf tot zes teams?
- Bestaan er afhankelijkheden tussen de verschillende clusters van ontwikkelteams? De afhankelijkheden kunnen zijn ontstaan door eerdere keuzes die onbedoeld de snelheid en wendbaarheid van de informatievoorziening negatief beïnvloeden, bijvoorbeeld op het gebied van infrastructuur, deployment, generieke componenten, koppelvlakken, et cetera.

- Wordt het belang van 'cluster-overstijgende items' door ieder cluster afzonderlijk gelijkwaardig ingeschat qua prioriteit?
- Is het mogelijk om de complexiteit van de oplossingsrichting te beperken, in plaats van te proberen de complexiteit te beheersen?

■ HERKENBARE PATRONEN

- Afhankelijkheden tussen clusters worden zoveel mogelijk uitgesloten en clusters worden echt als separate productgeoriënteerde clusters gezien.
- Clusters zijn in staat om vrij te prioriteren zolang ze niet op het kritieke pad van cluster-overstijgende backlog items zitten, in plaats van dat alles via een overkoepelend portfolio wordt aangestuurd.
- Clusters hebben inzicht in de waarde van overkoepelende items zodat ze zelfstandig kunnen bepalen welke relatie prioriteit aan hun afgesplitste items gegeven moet worden.
- Clusters hebben continu een goed beeld van het verwachte moment waarop cluster-overstijgende items worden afgerond, zodat product owners afzonderlijk een afweging kunnen maken of de prioritering van hun product backlog belangrijke overkoepelende items schaadt.
- Prioriteitstelling op het niveau van de IV wordt gezien als een instrument om de autonomie te ondersteunen in plaats van alignment te forceren.

■ HERKENBARE ANTI-PATRONEN

- Er moet met te veel teams uit verschillende clusters worden samengewerkt, waardoor het synchroniseren en integreren van het werk onhaalbaar is geworden. Er wordt geprobeerd dit op te lossen met overkoepelende en/of hiërarchische structuren.

- Op hoger liggende niveaus worden besluiten genomen zonder zicht te hebben op de context van afzonderlijke clusters en teams, waardoor clusters en teams vaker worden geconfronteerd met besluiten die niet bijdragen aan het snel en wendbaar kunnen ontwikkelen van hun product of zelfs ondermijnend zijn.
- Het onderling op elkaar afstemmen van de prioriteiten, van backlog items met een cluster-overstijgend karakter, vindt niet of slechts sporadisch plaats.
- Een 'hoog over' portfolio wordt gezien als een rigide leidraad dat door clusters moet worden gevolgd, waarbij het volledige mandaat van product owners om de maximale waarde te leveren teniet wordt gedaan. Een rigide leidraad zorgt voor een weinig wendbare organisatie.
- Cluster-overstijgend wordt een oplossingsrichting opgesteld die door de clusters moet worden uitgevoerd in plaats van samenwerkende clusters die samen tot oplossingsrichtingen komen.

■ **TIPS 'N TRICKS**

- Zorg ervoor dat product owners verantwoordelijkheidsgevoel hebben ten aanzien van zowel het eigen product als hun bijdrage aan de resultaten van de gehele organisatie.
- Zorg ervoor dat clusters op basis van de verwachte omvang en doorlooptijd hun eigen backing items prioriteren, rekening houdend met cluster-overstijgende backlog items. Hiermee is het over het algemeen mogelijk om een veel gelijkmatigere oplevering van waarde voor de business te realiseren, kunnen items afgemaakt worden en zijn er minder items gelijktijdig onder handen.
- Introduceer binnen de IV één portfolio, zodat de product owners en clusters ondersteund worden in het voorbereiden, coördineren en valideren van cluster-overstijgende behoeften en er duidelijkheid ontstaat over de prioriteitstelling binnen de IV-organisatie als geheel.

20 De mogelijkheden om meerdere clusters te structureren

Het hoeft maar enkele keren te gebeuren: enorme vertragingen van belangrijke opleveringen van een product of dienst omdat een generieke component, de gedeelde infrastructuur of een betrokken cluster een iets andere prioritering hanteerde. De standaard reactie vanuit de organisatie is vaak terug te vinden in de hoek van meer controle en coördinatie. Deze interventie op basis van controle en coördinatie leidt in de praktijk natuurlijk tot een grote mate van zijsturing. Kan dit ook anders?

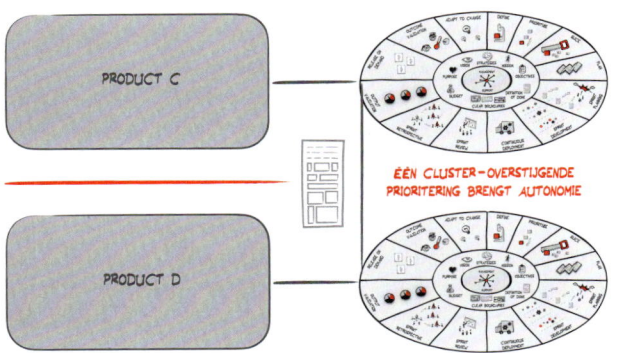

Als we meer capaciteit op de productontwikkeling nodig hebben, dan door een enkel cluster kan worden geleverd, maken we gebruik van het niveau van de informatievoorziening (IV). Hierbinnen kunnen meerdere clusters zoveel mogelijk autonoom, maar toch in samenhang, de behoefte van gebruikers en stakeholders ontwikkelen. Er zijn drie opties om de samenwerking tussen clusters in te richten binnen de informatievoorziening:

1. Het op een dusdanige wijze vormen van een cluster dat er geen afhankelijkheden tussen de producten te verwachten zijn.
2. Het vormen van clusters rondom geïntegreerde (deel)producten, waarbij de focus ligt op het minimaliseren van de afhankelijkheden.
3. Eén product vanuit meerdere clusters laten ontwikkelen, waarbij de focus ligt op het minimaliseren van de coördinatie.

Een veelvuldig voorgestelde optie, waarin één product vanuit meerdere clusters wordt ontwikkeld met gemaximaliseerde coördinatie, leidt tot een verkapte vorm van sequentiële ontwikkeling en moet om die reden worden voorkomen.

■ DE BELANGRIJKE VRAGEN OM UZELF TE STELLEN

- Is het mogelijk om volledig onafhankelijke clusters te creëren, waardoor afstemming tussen de clusters niet noodzakelijk is?
- Is het, als er meer capaciteit nodig is, mogelijk om de complexiteit van de organisatie af te schalen door het reduceren van afhankelijkheden in plaats van de organisatie op te schalen door het introduceren van coördinatie en afstemmingsmomenten?
- Als het reduceren van afhankelijkheden niet of nauwelijks mogelijk is, hoe behouden we dan de hoge mate van autonomie van clusters terwijl we duidelijkheid creëren ten aanzien van de prioritering van overkoepelende items?

20 De mogelijkheden om meerdere clusters te structureren

- Is een cluster-overstijgende structuur ingericht om op efficiënte wijze clusters te ondersteunen of om effectieve samenwerking tussen clusters te bevorderen?

■ HERKENBARE PATRONEN

- Wanneer het niet mogelijk is om twee onafhankelijke producten te definiëren, wordt gekeken naar het definiëren van twee producten waarbij de onderlinge afhankelijkheden worden geminimaliseerd. Het introduceren van het niveau van de IV richt zich dan op het transparant maken van de prioriteiten op organisatieniveau.
- Als het niet mogelijk of wenselijk is om het product te splitsen in twee afzonderlijke (deel)producten, werken er meerdere clusters met geminimaliseerde coördinatie aan één product. Het introduceren van het niveau van de IV richt zich in deze optie op het reduceren van afhankelijkheden tussen de clusters.
- Op het niveau van de IV wordt de 'Execute' (van Plan | Execute) ingevuld door de nauwe samenwerking vanuit de achterliggende clusters. De 'Plan' richt zich daarom op het bepalen wat de belangrijkste behoeften zijn, waardoor inzicht ontstaat in de overkoepelende prioritering.
- Er wordt een continue Inspect & Adapt-cyclus op het niveau van de IV uitgevoerd, om samen te leren en de snelheid en wendbaarheid te behouden van cluster-overstijgende items op het niveau van de IV.
- Eén persoon, de portfolio owner, prioriteert in afstemming met de business items op het niveau van de IV, waardoor binnen de clusters vrijheid ontstaat om keuzes te maken binnen de prioriteitstelling van de IV.

■ HERKENBARE ANTI-PATRONEN

- Fundamentele technologieën zoals cloud-strategie, big data-analyse, platform-producten en ketenoptimalisatie zijn als integrale, generieke componenten geïmplementeerd, maar zijn niet as-a-service beschikbaar waardoor deze technologieën de clusters indirect afhankelijk van elkaar maken.
- Bij het splitsen van clusters (primaire flow) ontstaan er tussen de clusters onderlinge afhankelijkheden doordat de ondersteunende teams (secundaire flow) beide clusters gelijktijdig moeten ondersteunen.
- Het <u>specificeren</u> in plaats van <u>prioriteren</u> van items in de portfolio ondermijnt de enterprise agility. De focus ligt op het beschrijven van de oplossing in plaats van de behoefte, waardoor het eigenaarschap van de teams en clusters ondermijnd wordt. Ook leidt dit vaak tot het doorvoeren van suboptimale aanpassingen.
- Op het niveau van de IV worden gelijktijdig meerdere portfolio's gehanteerd, waardoor het inzicht in de overkoepelende prioriteiten nog steeds onduidelijk is en daarmee de kern van het probleem niet wordt opgelost.
- Het direct sturen van de product owners, in plaats van ondersteunen, ondermijnt de IV agility. Er is een 'push' in plaats van een 'pull' ontstaan, waardoor verspillingen en vertragingen van het gehele productieproces niet worden verminderd en een uitvoerige coördinatie over de items heen nog steeds noodzakelijk is.

■ TIPS 'N TRICKS

- Als er meer capaciteit bij de productontwikkeling nodig is dan door een enkel cluster kan worden geleverd, maak dan gebruik van het niveau van de IV. Hierin kunnen meerdere clusters zoveel mogelijk autonoom maar toch in samenhang de behoefte van gebruikers en stakeholders ontwikkelen.

20 De mogelijkheden om meerdere clusters te structureren

- Kijk, als u bij het uitbreiden van de capaciteit een cluster moet gaan splitsen of toevoegen, altijd eerst naar de mogelijkheid om twee volledig afzonderlijke producten te creëren (die geen afhankelijkheid met elkaar en slechts minimale afhankelijkheden met de rest van de organisatie hebben). In deze situatie is er namelijk geen noodzaak voor intercluster-coördinatie.
- Als het creëren van twee volledig afzonderlijke producten niet mogelijk is, ontstaat bij het opschalen van de capaciteit als vanzelf de behoefte aan het stellen van prioriteiten voor het niveau van de IV. Het creëren van inzicht in de prioriteiten over clusters heen, is voldoende voor alignment ten opzichte van de hoogst geprioriteerde items op de portfolio backlog en het behoud van de autonomie van clusters.
- Stakeholders op het niveau van de IV hebben een gedegen begrip nodig van de werking van het complex-domein en de daaruit volgende structuren. Besteed op het niveau van de IV dus uitvoerig aandacht aan het opleiden en trainen van de betrokkenen om op deze nieuwe manier te werken.

21 De opzet en werking van IV agility

De snelheid en wendbaarheid van de IV neemt sterk af wanneer meerdere product owners samen oplossingen moeten gaan bouwen. Wanneer de prioriteiten voor de organisatie onvoldoende zichtbaar zijn, gaat meer gestuurd worden op lokale belangen. Dit werkt goed zolang er nauwelijks afhankelijkheden zijn. De invulling van de grotere businessbehoeften kan echter zelden opgelost worden vanuit één product of dienst. Voor prioriteiten op organisatieniveau inzichtelijk te maken, en daarbinnen ruimte te houden om lokaal te kunnen prioriteren, ontstaat zowel alignment als autonomie in de gehele IV-organisatie.

Door het toevoegen van het niveau van de IV wordt een proactieve samenwerking tussen clusters geïntroduceerd. Er is slechts één portfolio owner binnen de organisatie, die zowel de functionele behoefte (vanuit de business) als de technische behoefte (vanuit de CTO) prioriteert. Daarbij vormt de portfolio owner ook het eerste aanspreekpunt voor de business, wanneer behoeften niet overduidelijk in het werkgebied van een enkel cluster liggen. Samen met de portfolio owner worden uit grotere behoeften de meest belangrijke portfolio items geëxtraheerd om zo snel waarde te leveren. Door deze portfolio items, in samenhang met de overige portfolio items, inzichtelijk te maken, wordt transparantie over de prioriteiten op organisatieniveau gecreëerd. Hierdoor ontstaat bij product owners de vrijheid om keuzes te maken binnen de gegeven prioriteitstelling van de organisatie. Door middel van de intercluster refinement wordt de afstemming gefaciliteerd tussen clusters over het opleveren van de meest belangrijke portfolio items. Wanneer een portfolio item is opgeleverd, ondersteunt de portfolio owner de business bij het valideren van de impact. Op basis van de gerealiseerde outcome en de bereikte impact kan het portfolio worden bijgesteld.

■ DE BELANGRIJKE VRAGEN OM UZELF TE STELLEN

- Hebben we op het niveau van de IV exact één portfolio met één portfolio owner?
- Bepaalt hij of zij, binnen de richtlijnen van de strategische doelen en kaders, de prioritering van deze backlog?
- Vormt hij of zij daarmee ook het aanspreekpunt voor zowel programma's en projecten, als voor de lijnorganisatie, wanneer onduidelijk is welk cluster welke behoefte kan ontwikkelen?
- Is in elke epic (overkoepelend portfolio item) beschreven wat de behoefte is en welke impact hiermee wordt bereikt?
- Wordt gedurende de iteraties ook daadwerkelijk het effect gemeten (Inspect), waardoor – met name bij tegenvallende resultaten – tijdig en bewust kan worden bijgesteld (Adapt)?

■ HERKENBARE PATRONEN

- Het niveau van de IV (portfolio) wordt alléén gebruikt wanneer de samenwerking tussen meerdere clusters noodzakelijk is voor het invullen van een behoefte (alignment) of wanneer het vanuit business niet duidelijk is binnen welke productdefinitie de behoefte kan worden opgelost (autonomie).
- Door nauw en vooral frequent samen te werken met de key stakeholders en een werkwijze te organiseren, waarin zij kortcyclisch mee worden genomen in de actuele prioriteitstelling, wordt de snelheid en wendbaarheid zo goed mogelijk geborgd over de gehele waardeketen en wordt het aantal escalaties geminimaliseerd.
- Het is de portfolio owner die het mandaat heeft gekregen definitieve keuzes te maken in de prioritering van de overkoepelende voortbrengingsketen. Alle verzoeken tot aanpassingen van het IV-landschap, die voortkomen uit de CTO-agenda, worden via de portfolio owner op het niveau van de IV in het portfoliomanagement uitgewerkt tot backlog items.
- De portfolio owner geeft richting door het verschaffen van inzicht in de organisatie- brede prioriteitstelling. Hierdoor hebben product owners de ruimte om, binnen deze organisatie-brede prioriteitstelling, zelfstandig keuzes te maken.
- De portfolio owner coördineert de samenwerking tussen de betrokken product owners, maar dicteert niet de oplossing. Het vinden van 'behoefte vervullende oplossingen' blijft altijd de verantwoordelijkheid van de clusters en op dit niveau dus van de product owners. Dit geldt óók wanneer de clusters onderling moeten samenwerken, om de veronderstelde oplossing te ontwikkelen.

■ HERKENBARE ANTI-PATRONEN

- Portfoliomanagement wordt als een bottleneck tussen business en product owner gepositioneerd; het wordt als 'de facto instrument' ingezet om maximale controle te verkrijgen over wat binnen de organisatie wordt gerealiseerd.
- De business ontwikkelt de IV-oplossingen volledig via programma's en projecten buiten de IV-organisatie om en draagt die daarna over aan die IV-organisatie. Hierdoor ontstaan er veel spanningsvelden rondom de principes van enterprise agility, en ontstaat er een grote impact op zowel de change als de run van de IV-organisatie.
- Uit het oogpunt van proces governance en grip op de portfolio heeft elk item op een product backlog van één van de clusters altijd een directe verbinding met het portfolio op niveau van de IV, ook als er geen samenwerking tussen clusters nodig is.
- Naast de waarde wordt ook de omvang (benodigde effort) van epics ingeschat. Dit is een nodeloze exercitie die nauwelijks waardevolle inzichten geeft. Zeker wanneer de IV wordt geacht epics volledig te realiseren wordt de scope in feite vastgezet, wat de snelheid en wendbaarheid ernstig beperkt.
- De impact van epic slices wordt niet (goed) gevalideerd, waardoor het plan niet tijdig kan worden bijgesteld.

■ TIPS 'N TRICKS

- Organiseer als portfolio owner een periodiek overleg met de belangrijkste stakeholders vanuit de business, de programma's en/of de lijnorganisatie. Wanneer verschillende kleinere stakeholdergroepen aanwezig zijn, organiseer dan dat zij zich door één representant laten vertegenwoordigen.

- Zorg dat de visie, missie, strategie, doelstellingen en kaders op het niveau van de (IV-)organisatie helder en transparant zijn, en dat de stakeholders niet alleen hun eigen belang vertegenwoordigen, maar ook het belang van de organisatie als geheel.
- Door een geprioriteerde portfolio backlog met daarin minimaal één epic slice per epic, blijft de portfolio backlog overzichtelijk (niet elke epic wordt opgebroken in álle mogelijke epic slices) terwijl toch op een nauwkeuriger niveau de relatieve prioritering van portfolio items op deze backlog aangebracht kan worden.
- Voorkom dat epic slices uitgebreid en in veel detail worden beschreven. Dit beperkt sterk de mate waarin een behoefte uiteindelijk kan worden ingevuld.

22 Het verhogen van de voorspelbaarheid van het portfolioproces

De behoefte aan voorspelbaarheid is er één van alle tijden. De behoefte aan voorspelbaarheid alsmede de onmogelijkheid om op basis van output voorspelbaar te zijn, zorgt voor onbegrip van zowel de kant van de business als de kant van de IV. Te vaak is het antwoord op de vraag om voorspelbaarheid, dat er "hier agile gewerkt wordt en we dus niet voorspelbaar kunnen zijn". Dat antwoord is pertinent fout en geeft aan dat ook mensen in de wereld van agility nog veel te leren hebben. Het beantwoorden van het verzoek om voorspelbaarheid is namelijk zeer relevant. Er worden immers afspraken gemaakt en verwachtingen gewekt, business cases opgesteld en alignment gecreëerd met aanpalende werkstromen. Die afspraken hebben het doel om de investeringen vanuit het programma optimaal te kunnen laten renderen. Door het kort-cyclisch ontwikkelen van oplossingen ondersteund door goede korte feedback-lussen creëren we het vermogen tot sturing die direct gelinkt is aan de succesfactoren. Op deze wijze wordt een hogere mate van voorspelbaarheid gecreëerd.

Het verhogen van de voorspelbaarheid vanuit het portfolioproces en het continu verschaffen van inzicht zijn belangrijke instrumenten om de business te ondersteunen in het effectief uitvoeren van hun rol. Het hebben van betrouwbare schattingen ten aanzien van backlog items is van groot belang voor het verhogen van de voorspelbaarheid. In

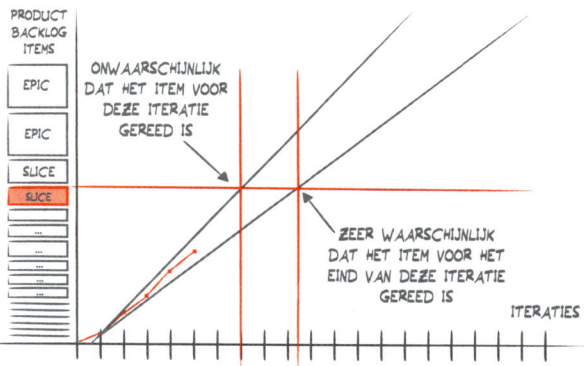

het complex-domein wordt een schatting daarom vaak afgegeven in de vorm van een relatieve eenheid: estimation points. Door de hoeveelheid afgeronde estimation points van een team of cluster binnen een vastgestelde tijdsperiode bij elkaar op te tellen, krijgt u zicht op hoeveel relatieve punten binnen een hoeveelheid tijd afgerond kunnen zijn: de velocity. De velocity geeft in eerste instantie dus zicht op het verleden. Op basis van de velocity kan de zogenaamde cone of uncertainty worden vastgesteld. Met de cone of uncertainty kan bepaald worden wanneer een product backlog item wordt opgeleverd of welke product backlog items binnen een bepaald tijdsframe zijn opgeleverd. Door de doorlooptijd van de onderliggende product backlog items te berekenen kunnen effectief de inspanning en doorlooptijd van portfolio items berekend worden. De schatting van de omvang van een product backlog item wordt in het complex-domein achteraf gevalideerd.

■ DE BELANGRIJKE VRAGEN OM UZELF TE STELLEN

- Is de focus van voorspelbaar worden, gericht op de inspanning (input), uitvoering (proces), de resultaten (output) of op de

opgeleverde capabilities (outcome)? En is de portfolio en/of product owner daarmee in staat om met de verkregen inzichten de verwachtingen van de stakeholders te managen?
- Is de velocity een middel voor de portfolio owner en/of product owner en zijn/haar teams om betrouwbare voorspellingen te kunnen doen in het complex-domein? Of wordt de velocity gebruikt als een doel waar de buitenwereld iets over te zeggen heeft en rechten aan zou kunnen ontlenen?
- Zijn alle portfolio en product backlog items die kleiner zijn dan epics volledig en vooral ook op de juiste wijze (bij voorkeur relatief) ingeschat?
- Wordt er een eenduidig systeem gehanteerd waarin de portfolio backlog en de product backlogs zijn ondergebracht, waarbij cluster-overstijgende items onderling gelinkt en zichtbaar zijn?
- Is er vertrouwen in de bevlogenheid van ontwikkelteams en de clusters? Dat zij, gegeven de juiste autonomy, mastery en purpose, het maximale zullen en kunnen leveren wat redelijkerwijs van ze verwacht kan worden?

■ HERKENBARE PATRONEN

- Iedereen is binnen het complex-domein op zoek naar de beste manier van het leveren van de maximale waarde om daarmee de gewenste impact te maken.
- De focus van 'controle' wordt niet naar binnen gericht (met de vraag of de ontwikkelteams wel genoeg output leveren), maar wordt in de vorm van validatie naar buiten gericht met de vraag of met de verkregen output voldoende impact wordt bereikt.
- Dankzij betrouwbare schattingen en juiste gebruik van de velocity metric hebben de voorspelde doorlooptijden een geringe afwijking met de werkelijkheid. Hierdoor kunnen stakeholders hun eigen veranderingen binnen de business afstemmen op het

succesvol ontvangen van de aankomende incrementen van het product.
- Op basis van inschattingen kunnen zowel de portfolio owner als de product owners direct de consequenties zien van aanpassingen in de portfolio en product backlog(s). Door de verkregen inzichten is de portfolio owner in staat om eventuele verwachtingen van de stakeholders met verwachtingsmanagement tijdig bij te stellen.
- Door voorspelbaarheid te creëren op basis van de waardegrafieken en de kostengrafieken (voortvloeiend uit het valideren van output, outcome en resultaat) kan snel de afweging worden gemaakt wanneer een bepaalde behoefte in alle waarschijnlijkheid niet verder ontwikkeld gaat worden en de aandacht verlegd kan worden naar het verder definiëren van een andere behoefte.

■ HERKENBARE ANTI-PATRONEN

- De schattingen vanuit de ontwikkelteams zijn over een langere periode onbetrouwbaarder waardoor het vertrouwen van de product owners in de ontwikkelteams snel afneemt. Als gevolg hiervan gaan de product owners meer controle uitoefenen op de ontwikkelteams. Dit leidt tot minder vertrouwen van het team, minder transparante schattingen met een negatieve spiraal tot gevolg.
- Inschattingen worden door de teams gemaakt door het aantal uren te schatten dat een feature nodig heeft om ontwikkeld te worden. Dit geeft een onrealistisch beeld van de tijdsbesteding en leidt bijna tot dwingende, bijna contractuele, afspraken om de features binnen de geschatte uren te ontwikkelen.
- Stakeholders of management sturen op velocity waardoor een devaluatie plaats kan vinden van de estimation points. Door eenzelfde hoeveelheid werk iets hoger in te schatten, lijkt de velocity zich over tijd te 'verbeteren' maar de facto wordt nog

steeds dezelfde hoeveelheid output in een gegeven tijdsperiode opgeleverd.
- Het hiërarchisch verbinden van álle backlog items leidt tot onzinnige 'epic slices' die alleen maar worden gecreëerd met de ongefundeerde reden dat onderliggende capabilities anders geen hiërarchische relatie kunnen bevatten met bovenliggende epics. Het gevolg is een explosie van de portfolio backlog. Dat heeft tot gevolg dat het overzicht vertroebelt en het lastiger wordt om het overzicht te behouden.
- De teams geven aan niet voorspelbaar te kunnen zijn omdat ze met Scrum op een snelle, wendbare manier werken.

■ TIPS 'N TRICKS
- Door het gebruik van een techniek als 'magic estimation' kan in een beperkte tijd een volledige product backlog goed worden ingeschat.
- Gebruik een duidelijke set aan principes en practices voor goed backlog management om zo een stabiele en betrouwbare velocity te creëren waarmee de voorspelbaarheid wordt verhoogd.
- Schattingen worden gemaakt door de mensen die het werk ook moeten uitvoeren. Hierdoor is alle noodzakelijke kennis ingebracht in de schatting en ligt het eigenaarschap voor de schatting op de juiste plek.
- Door de velocity (het aantal afgeronde estimation points binnen een vastgestelde tijdsperiode) over een langere periode te bekijken krijgt het team een steeds betrouwbaarder beeld van de voortgang die het kan boeken in relatie tot het productdoel.
- Hou, bij het toevoegen van teams aan een cluster, altijd rekening met een korte dip in de velocity. Deze dip ontstaat doordat het inwerken en integreren van nieuwe medewerkers een belasting geeft op de bestaande medewerkers.

23 Het direct ondersteunen van de primaire flow: PST

Het prioriteren van één portfolio én het samenwerken met meerdere clusters voor het invullen van een businessbehoefte is niet eenvoudig. De portfolio owner wordt daarin ondersteund door een multidisciplinair portfolio support team (PST), dat helpt bij de specificatie, coördinatie en validatie van portfolio items. Dit team voorziet de portfolio owner en stakeholders van de juiste informatie om zorgvuldig de vele, vaak politieke, afwegingen te kunnen maken alsmede de samenhang van portfolio items over een langere tijd te bewaken. Daarnaast zorgt dit team voor de noodzakelijke validatie van de gerealiseerde impact om de eerdere aannames te valideren en de mogelijke vervolgstappen onder de aandacht te brengen.

De portfolio owner wordt ondersteund op het gebied van het omzetten en prioriteren van businessbehoeften naar portfolio items, het faciliteren van de afstemming tussen clusters bij clusteroverstijgende items en het valideren van de gewenste impact. Multidisciplinaire subteams binnen het portfolio supportteam (PST) die de portfolio items begeleiden bestaan uit analisten, coördinatoren, adviseurs en ondersteuning. De focus van deze subteams ligt op het extraheren van in beperkte tijdspanne opleverbare waardevolle epic slices vanuit de epics. Een veel voorkomende valkuil is dat het

23 Het direct ondersteunen van de primaire flow: PST

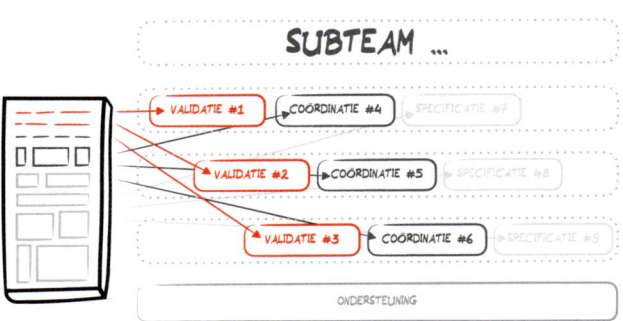

portfolio supportteam zich richt op het analyseren en ontwerpen van mogelijke oplossingen, wat tot de verantwoordelijkheid van de clusters behoort. Tijdens de intercluster refinement ondersteunt het portfolio supportteam de portfolio owner door de juiste clusters aan tafel te hebben, de oplossingsrichting te toetsen aan de gestelde randvoorwaarden en eventuele besluitvorming te ondersteunen. Hoewel integratie van de deelproducten vanuit clusters een verantwoordelijkheid is van de clusters zelf, wordt het valideren van de impact wel vanuit het multidisciplinaire subteam begeleid.

■ DE BELANGRIJKE VRAGEN OM UZELF TE STELLEN

- Beschrijven de analisten alleen het **wat** en niet het **hoe** van de portfolio backlog items?
- Ondersteunen de coördinatoren niet alleen bij de intercluster refinement maar verlenen zij indien gewenst ook ondersteuning aan de clusters bij het uitwerken van oplossingsrichtingen die voor één van de aankomende intercluster refinements wordt verwacht?
- Is specialistische kennis, die nodig is voor het succesvol ontwikkelen van een portfolio item, beschikbaar voor de product owners en de ontwikkelteams tijdens het ontwikkelen?

- Is er ondersteuning voor de (schaarse) specialistische rollen in de subteams van het portfolio supportteam aanwezig, zodat zij zich optimaal kunnen focussen op hun specialisme en geen tijd kwijt zijn aan het regelen van ruimtes, plannen van overleggen en opstellen van notulen?
- Zijn de medewerkers van het portfolio support team specifiek getraind in het gebruik van effectieve hulpmiddelen en het ondernemen van effectieve activiteiten voor het werken in het complex-domein, bijvoorbeeld agile requirements analysis?

■ HERKENBARE PATRONEN

- De portfolio owner wordt door het PST ondersteund bij het omzetten en prioriteren van business-behoeften naar portfolio items, het faciliteren van de afstemming tussen clusters en het valideren van de gewenste impact.
- Het PST richt zich daarbij op het voorbereiden, uitvoeren en opvolgen van deze activiteiten, zodat de portfolio owner vooral het overzicht kan bewaken en zich, samen met de stakeholders, kan richten op de belangrijke afwegingen die moeten worden gemaakt om het leveren van waarde te maximaliseren.
- De analisten binnen het PST specificeren zo weinig als mogelijk; alleen specifieke kaders worden aangehaald en de focus wordt vooral gelegd op het bepalen (en kunnen valideren) van de waarde van specifieke portfolio items.
- Binnen de subteams van het PST begeleiden de coördinatoren de levenscyclus van het portfolio item en borgen dat alle betrokkenen tijdig worden geïnformeerd over hun bijdrage aan de ontwikkeling en het succes van het portfolio item.
- Hoewel de integratie van deelproducten vanuit de clusters een verantwoordelijkheid is van de clusters zelf, wordt het valideren van de impact van het product als geheel wel vanuit het multidisciplinaire subteam begeleid.

■ HERKENBARE ANTI-PATRONEN

- De analisten van het PST ontwikkelen uitgebreide specificaties, stellen high level designs op of voeren een functionele decompositie uit. Hierdoor is het reële gevaar aanwezig dat met alle goede bedoelingen vaak onbewust inefficiënte en ineffectieve oplossingen worden voorgesteld die in de verdere daadwerkelijke uitwerking in de praktijk voor ongewenste (neven)effecten kunnen zorgen.
- Ondanks het werken in het complex-domein wil de business de gehele behoefte direct en in één keer goed ingevuld hebben.
- De subteams van het PST gedragen zich, of worden gezien als een groep proxy portfolio owners: zij nemen zelfstandig besluiten over de prioriteitsstelling binnen de portfolio backlog.
- Er wordt uitgebreid gebruik gemaakt van templates zonder dat er kritisch wordt nagedacht over het gebruik van deze templates. Hierdoor ontstaan met regelmaat 'ronduit onzinnige uitwerkingen' van specifieke aspecten van een portfolio item, simpelweg omdat het template hiervoor ruimte biedt.
- Na het opleveren van de resultaten vindt geen validatie van de impact plaats. Er is geen gesloten feedback loop.

■ TIPS 'N TRICKS

- Zorg voor helderheid over de potentiële waarde van de te vervullen behoefte en de daarbij behorende portfolio items. Dit helpt de portfolio owner bij het prioriteren van de portfolio backlog.
- Doordat de subteams van het PST multidisciplinair van aard zijn én portfolio items zich in verschillende stadia van hun levenscyclus zullen bevinden, betekent dit dat de mensen die onderdeel zijn van de subteams hun vaardigheden volgens het zogenaamde T-shaped patroon moeten ontwikkelen.

- Werk bij het coördineren van de portfolio items met een overzichtsbord waarin de portfolio items worden gepositioneerd op basis van hun ontwikkelingsfase én welke clusters een betrokkenheid hebben bij bepaalde portfolio items. Mocht de betrokkenheid van een specifiek cluster bij meerdere portfolio items voorkomen, dan kan dit snel transparant worden gemaakt en eventueel aan de portfolio owner ter besluitvorming worden voorgelegd.
- Voorkom dat clusters gedurende een langere periode bij meerdere intercluster refinements worden betrokken om een overload bij de clusters te voorkomen. Het als cluster langdurig betrokken worden bij meerdere intercluster refinements is een aanwijzing voor of symptoom van onderlinge afhankelijkheid. Om tijdig iets te kunnen ondernemen ten aanzien van de langdurige betrokkenheid is voorspelbaarheid van het portfolioproces randvoorwaardelijk.
- Overweeg een specifieke dag in de week te kiezen waarop alle intercluster refinements kunnen worden ingevuld. Zo kunnen product owners en de portfolio owner deze dag in hun agenda zo veel mogelijk vrijhouden, is er voldoende ruimte om voor verschillende epic slices separate tijdblokken te reserveren en kunnen tijdblokken vrij worden gehouden voor de sporadische invulling van een spoed portfolio backlog item.

24 Het indirect ondersteunen van de primaire flow: enabling services

Naast de meer specifieke ondersteuning van clusters op hun productontwikkeling is vaak ook een meer generiek fundament aanwezig: de enabling services. Waarom? Alle competenties als team zelf inrichten is effectief, maar inefficiënt. Specifieke competenties centraal organiseren is efficiënt, maar minder effectief. Het creëren van een juiste balans zorgt voor optimale snelheid en wendbaarheid. De uitdaging zit hem in het minimaliseren van afhankelijkheden die (kunnen) ontstaan wanneer specifieke competenties centraal worden georganiseerd. Voor alle afdelingen, die indirect ondersteuning leveren aan het voortbrengingsproces, is het enabling services concept essentieel om geen negatieve impact te hebben op de snelheid en wendbaarheid van teams, clusters en de organisatie.

Enabling services zijn onder andere de infrastructuur, architectuur, security en gebruikersondersteuning. De focus van enabling services ligt op het mogelijk maken van snelheid en wendbaarheid van de primaire flow waarbij het onbedoeld of onbewust beperken van de flow moet worden voorkomen. De verschillende aspecten van het generieke fundament moeten zoveel mogelijk worden ontkoppeld door middel van het 'enabling'-concept. Enabling infrastructuur is gericht op het creëren van een situatie waarin ontwikkelteams op basis van goed ingerichte CI/CD omgeving grotendeels zelfstandig

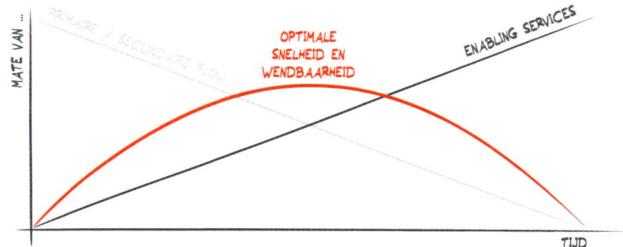

hun producten kunnen deployen in een door infrastructuur ontwikkelde en beheerde omgeving. Enabling architectuur is gericht op het verhogen van de snelheid en wendbaarheid van ontwikkelteams, waarbij zowel de korte termijn als de lange termijn worden geborgd.

Enabling security mitigeert zoveel mogelijk risico's die vanuit security naar voren komen, met minimale impact op de snelheid en wendbaarheid van het ontwikkelproces. Enabling users is gericht op het op dusdanige wijze organiseren van de gebruikerssupport waarbij verschil wordt gemaakt tussen de producten enerzijds en de dienstverlening vanuit deze producten anderzijds. Door het op de juiste wijze (ont)koppelen van enabling services en de primaire flow kunnen beiden omgevingen in een eigen cadans en met aandacht voor de eigen uitdagingen toch effectief samenwerken.

■ DE BELANGRIJKE VRAGEN OM UZELF TE STELLEN

- Voelen de teams zich ondersteund door de efficiënt ingerichte generieke services? Of worden de teams ondermijnd waardoor de effectiviteit van deze generieke services verloren gaat?
- Krijgt de efficiëntie van generieke services meer en meer voorrang boven de effectiviteit, wat de primaire en/of secundaire flow negatief beïnvloedt?

24 Het indirect ondersteunen van de primaire flow: enabling services

- Hoe zorgen we dat we op gepaste wijze de verschillende elementen inzetten, om security of architecturale risico's te mitigeren, met minimale impact op de snelheid en wendbaarheid van het IV-voortbrengingsproces?
- Is het mogelijk om de ondersteunende afdelingen een periode 'op vakantie' te sturen, zonder dat dit enige impact heeft op de primaire en secundaire flow?
- Zijn er goede feedback-lussen ingericht voor de afdelingen achter de enabling services, waardoor deze ook over langere periode effectief én efficiënt blijven ingericht?

■ HERKENBARE PATRONEN

- Alleen wanneer de snelheid en wendbaarheid van teams wordt bekrachtigd (of op zijn slechtst níet afremt of ondermijnt), wordt ondersteuning vanuit de secundaire flow of als enabling services ingericht. De focus van enabling services ligt op het **mogelijk maken** in plaats van **beperken** van de snelheid en wendbaarheid van de primaire flow.
- In een greenfield situatie wordt eerst de secundaire flow binnen de clusters ingericht, om daarna te kijken welke overeenkomstige (generieke) elementen op het niveau van de IV samengevoegd kunnen worden. Hierbij is specifieke aandacht voor het toetsen van een minimaal gelijkblijvende productiviteit van de afzonderlijke clusters.
- Bij grotere clusters organiseren de mensen vanuit de ontwikkelteams die beschikken over de architectuur-competentie zich in een cluster-brede community of practice, waar ook eventuele architecten op IV-niveau bij aanhaken.
- Specifieke kaders (do's en don't binnen de producten) worden geautomatiseerd binnen de CI/CD-pijplijnen gevalideerd, waardoor herkende onveilige code wordt geweerd en ook de

specifieke (te automatiseren) controles direct kunnen worden doorgevoerd.
- Afdelingen die enabling services verlenen kunnen - maar hoeven niet - over een hoge mate van agility beschikken, mits de services niet beperkend zijn voor de agility van de organisatie.

■ HERKENBARE ANTI-PATRONEN

- De gemeenschappelijke services waar individuele teams gebruik van maken worden sterk gereguleerd en afgeschermd van de invloeden van die individuele teams. Er worden rigide regels en voorwaarden voor gebruik vastgesteld en afgedwongen. Het resultaat is een zichzelf versterkende negatieve spiraal als het gaat om een lerende organisatie waarin snelheid en wendbaarheid centraal staan.
- Als aanpassingen aan dergelijke generieke services al mogelijk zijn, leidt dit tot langdurige besluitvormingstrajecten. De kaders ondersteunen niet langer een snelle en wendbare organisatie maar zijn juist de oorzaak van een groot aantal vertragingen die zich binnen het voortbrengingsproces voordoen.
- Processen voor enabling services worden niet geoptimaliseerd op basis van de effectiviteit van deze afdeling maar op basis van de efficiëntie van deze ondersteunende afdeling. Hierdoor kan het bijvoorbeeld weken tot maanden duren om een nieuw lid van een ontwikkelteam in te huren. Niet omdat het niet sneller kan maar omdat het niet sneller gaat.
- Ontwikkelteams hebben geen aandacht hebben voor bijv. enterprise architectuur. Ze maken korte termijn-keuzes die op lange termijn tot hoge beheerslasten, onnodige risico's of ingewikkelde integratieproblemen blijken te leiden.

24 Het indirect ondersteunen van de primaire flow: enabling services

- Enabling services zijn onderdeel van de primaire of secundaire flow. Een architect acteert bijvoorbeeld als een stage gate in het voortbrengingsproces, waarin hij of zij een stempel van goedkeuring moet geven voordat het increment kan worden vrijgegeven.

■ TIPS 'N TRICKS

- Om enterprise agility te doen slagen moeten enabling services nieuwe ontwikkelingen in de praktijk volgen en samen met de praktijk willen ontdekken. Het vraagt om de inzet van nieuwsgierigheid die gericht is op de praktijk.
- Richt de enabling services op zo'n wijze in dat de impact op het aantal afhankelijkheden tussen de clusters beperkt blijft.
- Zorg ervoor dat de enabling services zich op geen enkele wijze mengen met de primaire flow en dus altijd op indirect wijze het primaire proces ondersteunen.
- Om een optimale snelheid en wendbaarheid binnen de organisatie te krijgen moet periodiek worden gekeken welke ondersteuning vanuit de enabling services op generieke wijze georganiseerd kan worden en welke ruimte wordt geboden om meer specifieke ondersteuning vanuit de secundaire flow of specifieke uitvoering vanuit de primaire flow toe te staan.
- Richt initieel services in vanuit de secundaire flow, zorg dat het enabling concept in de basis goed wordt ingericht, en biedt deze dan pas aan als een enabling service.

ID # DEEL E
Agility op het niveau van de business

Deel E gaat in op de noodzaak van agility op het niveau van de business. In dit deel wordt bekeken hoe niet alleen snelheid en wendbaarheid worden gecreëerd in het voortbrengingsproces van producten, maar ook hoe de organisatie deze producten continu effectief kan inzetten om te reageren op en in haar omgeving. We gaan dieper in op de samenwerking tussen de business en de informatievoorziening, het verbeteren van de snelheid en wendbaarheid in de lijnorganisatie en hoe projecten en programma's optimaal samenwerken met een snelle en wendbare IV-organisatie. Kortom, hoe profiteer je als business optimaal van een snelle en wendbare productontwikkeling?

25 De noodzaak voor business agility

De daadwerkelijke impact van een snelle, wendbare IV-organisatie wordt vrijwel volledig tenietgedaan als de business deze snelheid en wendbaarheid niet kan omarmen. Om de enterprise agility van de organisatie te verhogen is daarom net zoveel aandacht nodig voor de agility van de business als voor de agility van de IV-organisatie. Toch blijkt in de praktijk dat daar, in de business, nauwelijks aandacht voor is.

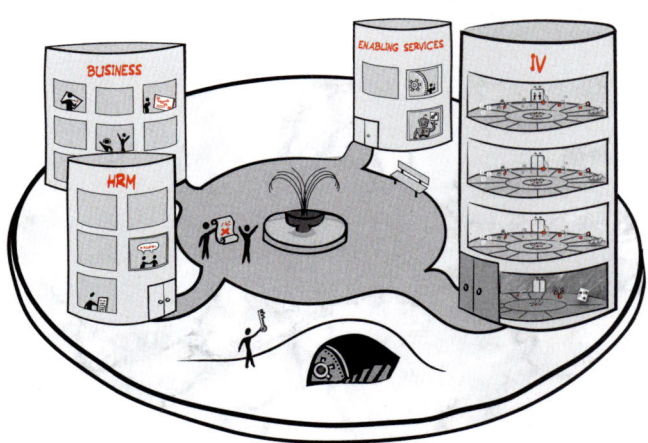

Om als organisatie effectief in een dynamische omgeving te kunnen opereren is een snelle, wendbare informatievoorziening van cruciaal belang. Hoewel de informatievoorziening primair een instrument is ter ondersteuning van de business, heeft deze in veel organisaties een enorme invloed op de werkwijze van de business. Dit is de wereld op zijn kop; de business moet leidend zijn in het bepalen van de prioriteiten ten aanzien van hun informatievoorziening. Het grote gevaar van de business in deze leidende positie is dat de focus vooral komt te liggen op specifieke, vaak urgente businessoplossingen ten koste van de integriteit van de gehele informatievoorziening. Binnen de informatievoorziening is de impact van urgente oplossingen op korte termijn vaak onschuldig van aard maar heeft op lange termijn desastreuse gevolgen. De sleutel tot een effectieve samenwerking zit in het scheiden van de business, waarin de medewerkers hun behoeften formuleren, en de IV-organisatie, waarin de medewerkers zich buigen over de mogelijke oplossingen.

■ DE BELANGRIJKE VRAGEN OM UZELF TE STELLEN

- Op welke manier wordt de snelheid en wendbaarheid van de informatievoorziening gebruikt om daadwerkelijk impact te maken binnen de business?
- Wordt de business in staat gesteld om op basis van hypotheses te valideren in welke richting de markt, klanten en haar omgeving zich ontwikkelen?
- Is de informatievoorziening leidend ten opzichte van de business of is de business leidend ten opzichte van de informatievoorziening en begrijpen we goed de consequenties van de verhouding?
- Hoe zorgen we ervoor dat de business aan het stuur van de informatievoorziening kan staan, zonder de nadelige effecten: een verhoogde TCO of degradatie van de integriteit?

- Wordt de informatievoorziening aangestuurd door de business door middel van het prioriteren van de behoefte van de business (het **wat**) of juist door het specificeren van werkpakketten (het **hoe**)?

■ HERKENBARE PATRONEN

- De specifieke deelname aan de relatie tussen business en de informatievoorziening wordt niet uit het oog verloren, ondanks de sterke afhankelijkheid en verregaande integratie tussen beide partijen.
- De business is leidend in het bepalen waar de prioriteiten liggen ten aanzien van wat met de informatievoorziening bereikt moet worden en niet andersom.
- De business stuurt de informatievoorziening door middel van het helder prioriteren van haar behoefte en wordt middels een continue stroom van nieuwe mogelijkheden vanuit de IV in staat gesteld om steeds beter haar werkzaamheden uit te kunnen voeren.
- De geleverde mogelijkheden door de informatievoorziening wordt direct gebruikt binnen de business om de belangrijkste hypotheses te kunnen valideren.

■ HERKENBARE ANTI-PATRONEN

- Door de groei en complexiteit van informatiesystemen wordt de business operations aangepast in plaats van de informatiesystemen. De gebruiker ervaart juist extra belasting bij de automatisering, in plaats van zichzelf ondersteund te voelen.
- De focus is komen te liggen op het invullen van de businessbehoefte, in de vorm van vraag om functionaliteit, in plaats van de integriteit van de sterk samenhangende informatievoorziening. Dit manifesteert zich in punt-oplossingen en quick workarounds.

- Er ontstaat een negatieve spiraal die een volwassen relatie tussen de business en informatievoorziening enorm onder druk zet, doordat de vraag om functionaliteit versterkt vanuit de business. Deze gebruikt steeds meer mogelijkheden om de informatievoorziening direct te vertellen wat en hoe de informatievoorziening haar werk moet doen.

■ TIPS 'N TRICKS

- Scheid de businessbehoefte van de IV-oplossing. Door aandacht te hebben voor het koppelvlak tussen business en informatievoorziening (waarbij beide partijen elkaar respecteren op inzichten, kennis en vaardigheden binnen de respectievelijke gebieden) zorgen we ervoor dat de business toch aan het stuur van de informatievoorziening kan staan, zonder de nadelige effecten van bijvoorbeeld een verhoogde TCO.
- Vind de juiste balans tussen het invullen van 'de behoeften uit de business' en 'het ontwikkelen en optimaliseren van de informatievoorziening'. De continue stroom van ontwikkeling en aanpassing van de business operations leidt tot een continue stroom van te vervullen behoeften richting de informatievoorziening.
- De mate van impact binnen de business zou centraal moeten staan tijdens het prioriteren van de businessbehoeften, onderbouwt door hypothese statements die deze impact meetbaar maken.

26 Een effectieve samenwerking tussen business en IV

Een snelle, wendbare IV-organisatie is fijn, maar het effect is pas echt zichtbaar wanneer de business deze snelheid en wendbaarheid ook daadwerkelijk gebruikt om optimaal in te spelen op de veranderende behoefte vanuit gebruikers, klanten en de achterliggende markten. Dit betekent dat meer aandacht nodig is voor de daadwerkelijke impact die gemaakt kan worden en het valideren van de hypotheses die onder de businessstrategie liggen.

Als de business en de IV-organisatie elkaars positie respecteren, waarderen, én elkaar vrijheid van handelen geven, ontstaat de optimale balans. Een snelle en wendbare IV-organisatie is een randvoorwaarde om uiteindelijk business agility te kunnen bereiken. Het op deze wijze invullen resulteert in zowel unieke kansen als nieuwe risico's. De focus van de business moet gericht zijn op het formuleren en prioriteren van de behoeften en/of uitdagingen, in plaats van het uitwerken van eventuele oplossingen, en geeft met deze prioritering sturing aan de informatievoorziening. De IV-organisatie is verantwoordelijk voor een goede werking van het IT-landschap en is verantwoordelijk voor het invullen van de belangrijkste businessbehoefte door middel van het ontwikkelen en aanpassen van IV-oplossingen. De vraag vanuit de business verschuift hierdoor van 'meer output' (meer IT-functionaliteit) via 'betere outcome' (beter ingevulde behoeften) naar 'grotere impact' (realiseren van baten). De IV-organisatie focust zich op de geleverde outcome door de portfolio owner / product owners en de geleverde kwaliteit van output door de ontwikkelteams.

■ DE BELANGRIJKE VRAGEN OM UZELF TE STELLEN

- Kan de business zich richten op het effectief bereiken van haar strategie en doelen in plaats van afgeleid te worden door de middelen die daarvoor nodig zijn?
- Wordt het succes van de informatievoorziening vooral afgeleid van de mate waarin zij snel en wendbaar kan inspelen op de belangrijkste businessbehoeften die worden aangereikt? Of juist afgezet tegen prestatie-indicatoren zoals kosten, productiviteit en stabiliteit?
- Respecteren de business en de informatievoorziening elkaars positie en geven zij elkaar vrijheid van handelen?
- Is de business vooral gericht op de gebruikers, de klanten en de markt in plaats van het ontwikkelen van nieuwe IV-producten?

■ HERKENBARE PATRONEN

- De focus van de business ligt op het formuleren en prioriteren van behoeften in plaats van op het uitwerken van oplossingen. Hierdoor ontstaat ruimte voor de informatievoorziening om met een optimale, integrale en onderhoudbare oplossing te komen. De focus verschuift van output (meer IT-functionaliteit), via outcome (beter ingevulde behoeften) naar impact (realiseren van baten).
- Door de toegenomen flexibiliteit van de informatievoorziening kunnen nieuwe ontwikkelingen of aanpassingen, sneller, effectiever en efficiënter worden uitgevoerd. Hierdoor wordt ook de noodzaak van de business om zich 'te schikken' naar de informatievoorziening steeds verder gereduceerd, met het gevolg dat de complexiteit van programma's en projecten verder wordt gereduceerd.
- Ondanks dat slechts periodiek een grotere hoeveelheid van aanpassingen gelijktijdig kan worden geïmplementeerd binnen de business, worden door de informatievoorziening continu nieuwe, werkende versies ter beschikking gesteld. Het is nu mogelijk om vanuit de business in een afgesloten omgeving alvast met deze systemen te kunnen werken en er ervaring mee op te doen. Hierdoor kan er toch een korte feedback-lus worden gecreëerd.

■ HERKENBARE ANTI-PATRONEN

- Er worden omvangrijke programma's uitgevoerd op basis van een business case, waarbij de organisatie pas na jaren het inzicht verwerft dat de gewenste impact vanuit de business case toch niet of onvoldoende kan worden bereikt.
- Door alle aandacht voor meer en betere informatie komt het creëren van outcome en daarmee het bereiken van impact onder druk te staan. Zeker wanneer grotere veranderingen, via een hele serie van kleinschalige iteraties wordt doorgevoerd, kan het zijn

dat nooit momentum ontstaat. In tegenstelling tot een mokerslag brengen we nu een hele serie van kleine tikjes uit die, ondanks dezelfde mate van inspanning, onvoldoende zijn om 'een deuk in een pakje boter te slaan'.

- De business maakt niet of nauwelijks gebruik van de mogelijkheden van een snelle, wendbare informatievoorziening. Door vooraf heldere, duidelijke specificaties op te stellen, deze al dan niet iteratief door de informatievoorziening te laten ontwikkelen en pas na het opleveren van het laatste increment de IV-oplossing te implementeren, heeft de impact van een snelle, wendbare informatievoorziening geen enkel effect op de wijze waarop de business wordt uitgevoerd.
- Het volwaardige budget voor de informatievoorziening ligt in handen van de business, met als redenatie dat zij met dit budget zowel zorg moeten dragen voor de 'run' als de 'change'-omgeving. Het gelijktijdig werken met zowel sturing op basis van budgetten als prioritering kan leiden tot conflictsituaties, en hierbij is het in ieder geval van belang om te zorgen dat de informatievoorziening voldoende middelen heeft om haar landschap optimaal te kunnen onderhouden.

■ TIPS 'N TRICKS

- Het is belangrijk om niet alleen aandacht te hebben voor de transformatie naar een snelle en wendbare IV-organisatie maar ook voor de strategische en tactische alignment van de business middels strategievorming, -implementatie en uitvoering.
- Wanneer het lastig is om goede business cases, project initiatiedocumenten en/of one pagers op te kunnen stellen, wordt het des te belangrijker om te beginnen met het valideren van de business case zelf. In ieder geval voordat serieus tijd en resources worden besteed aan het programma of project dat als opdracht heeft de business case te gaan verwezenlijken.

- Door het volledige eigenaarschap van het IT-landschap te leggen bij de IV-organisatie en zowel de snelheid, wendbaarheid als de optimale werking hiervan als prestatie-indicator op te nemen, ontstaat een situatie waarin degene die de aanpassingen uitvoert binnen de informatievoorziening ook de partij is die verantwoordelijk is voor dezelfde informatievoorziening.
- Alleen wanneer de informatievoorziening in staat is om als een professionele partner voor de business op te treden, ontstaat een beweging waarin de vraag vanuit de business naar 'meer output' (meer IT-functionaliteit) via 'betere outcome' (beter ingevulde behoeften) verschuift naar 'grotere impact' (verwezenlijken van baten).

27 De opzet en werking van agility op het niveau van de business

Binnen de business zijn genoeg concrete initiatieven te ontdekken. Toch blijkt in de praktijk dat we niet vaak een concreet antwoord krijgen, wanneer we doorvragen op welke wijze een specifiek initiatief bijdraagt aan de strategische doelstellingen van de organisatie. Het opstellen van een hypothese over de daadwerkelijke impact die een initiatief verwacht te maken, of hoe de hypothese kortcyclisch gevalideerd kan worden, is moeilijk. Omdat iets moeilijk is, betekent het niet dat we het achterwege kunnen laten. Zeker als met het opstellen van hypotheses ten aanzien van de te verwachte impact de verschillende initiatieven en achterliggende activiteiten beter gealigned en geprioriteerd kunnen worden. Het vermogen om goed te prioriteren vereist vanuit de organisatie een duidelijke richting en heldere kaders, met daarbij een stabiele cadans waarin de onderliggende activiteiten moeten worden uitgevoerd.

Om op het niveau van de business enterprise agility te bereiken zijn strategievorming, -implementatie en -uitvoering van cruciaal belang. Strategievorming is leidend voor zowel de keuzes binnen de business als de IV-organisatie. Middels strategie-implementatie worden de ontwikkelingen en activiteiten binnen onderliggende organisatieonderdelen zoals afdelingen, clusters en teams met elkaar in harmonie gebracht. Aandacht binnen de business voor

27 De opzet en werking van agility op het niveau van de business

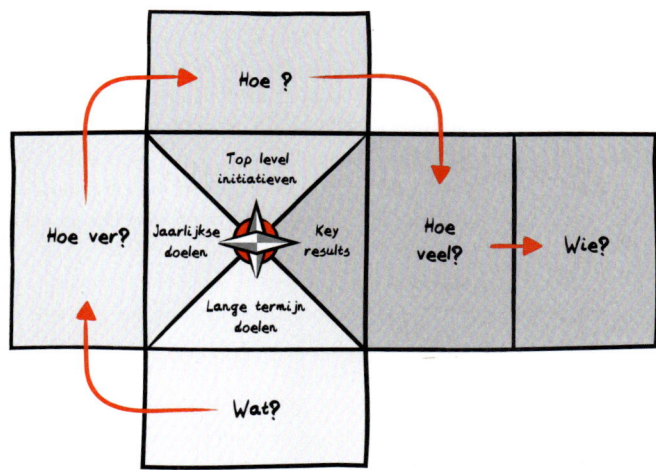

strategievorming en -implementatie middels visie, doelen en kaders is essentieel om de risico's van een snelle en wendbare IV-organisatie te mitigeren. Strategie-executie vindt primair plaats via de lijnorganisatie. Voor grotere en uitdagendere businessaanpassingen worden de business owners ondersteund door middel van programma's en projecten. Binnen enterprise agility richten programma's en projecten zich voornamelijk op de business change in plaats van zich te richten op het ontwikkelen van een IV-oplossing.

■ DE BELANGRIJKE VRAGEN OM UZELF TE STELLEN
- Wordt de organisatie, en de daaruit voortvloeiende initiatieven, geleid door het effectief uitvoeren van strategievorming, -implementatie en -uitvoering? Ontstaat het vinden van alignment op basis van de strategie binnen de business en het vertalen van de heldere richting en duidelijke kaders naar het tactische (en soms operationele) niveau?

- Effectueert de business alle inspanningen van de gehele IV-oortbrengingsketen door optimaal gebruik te maken van de nieuwe mogelijkheden om kort-cyclisch op organisatieniveau te kunnen inspecteren, valideren, leren en adapteren?
- Op welke wijze borgen we dat meer abstracte elementen, die gedurende de strategievorming naar boven komen, op de juiste manier worden vertaald naar het tactische en mogelijk zelfs het operationele niveau?
- Hoe is het proces ingericht waarmee de daadwerkelijke opvolging wordt gemeten? Hoe is het mechanisme ingericht waarmee tijdig kan worden bijgesteld op het moment dat door een initiatief niet de verwachte impact wordt bereikt?
- Worden de business owners in grotere of complexe business-aanpassingen ondersteund door middel van programma's en projecten?

■ HERKENBARE PATRONEN

- De business leidt de organisatie door het effectief uitvoeren van strategievorming, -implementatie en -uitvoering. Zij effectueert alle inspanningen van de gehele IV-voortbrengingsketen door optimaal gebruik te maken van de nieuwe mogelijkheden om als organisatie kort-cyclisch te kunnen inspecteren, valideren, leren en adapteren.
- De strategievorming is leidend, als het gaat om richting geven, voor zowel de keuzes die binnen de business als de informatievoorziening worden gemaakt. Doordat verschillende onderdelen van de organisatie beter en sneller consensus kunnen vinden, neemt ook het besluitvormingsproces en de daaruit volgende uitvoering verder in snelheid toe.
- Middels strategie-implementatie worden de ontwikkelingen binnen onderliggende organisatieonderdelen zoals afdelingen, clusters en teams met elkaar in lijn gebracht. Met deze alignment

kan de daadwerkelijke overdracht worden versneld. Enerzijds bestaat de strategie-implementatie uit het vertalen en verder uitwerken van de strategievorming naar de onderdelen binnen de organisatie. Anderzijds bestaat de strategie-implementatie uit de daadwerkelijke wilsoverdracht richting de verantwoordelijken van de betreffende onderdelen.
- Met de methode Hoshin Kanri worden de strategische doelen vertaald naar tactische en operationele doelen, waarmee de wilsoverdracht naar de rest van de organisatie plaats kan vinden. Vaak wordt het vertalen door een X-matrix ondersteund. Daarbij richt deze methode zich op de implementatie van de strategie, en wordt aandacht gegeven aan de opvolging (Inspect) en eventuele bijstelling (Adapt) van de strategie.
- Door op maandelijkse basis alignment te creëren over de jaarlijkse doelen, kunnen kort-cyclische ontwikkelingstappen worden gezet en kan ook daadwerkelijk worden vastgesteld of we niet alleen hard hebben gewerkt (output), resultaten hebben bereikt (outcome), maar ook of we de resultaten hebben kunnen inzetten om de organisatie daadwerkelijk verder te helpen (impact).

■ HERKENBARE ANTI-PATRONEN
- Organisaties nemen net voldoende tijd om een visie en/of missie te bepalen, maar de diepgang hiervan laat de wensen over. Het ontbreekt aan een beschrijving van gewenste effecten die we graag terug willen zien. Een helder beeld vormen over de strategie, een plan waarlangs deze visie moet worden bereikt, vanuit de visie (effecten) en missie komt daarbij vaak op een tweede plaats.
- Het ontbreken van de collectieve richting en het gebrek aan nauwe samenwerking zorgt ervoor dat voortbrengingsketens minder en minder waarde (kunnen) opleveren.

- Als ze er al zijn, worden de visie en missie opgenomen in de website van de organisatie. De geïdentificeerde strategieën worden middels een eenmalige memo gedeeld met de rest van de organisatie en de strategische doelstellingen worden aan de verschillende afdelingen meegegeven in de jaarlijkse plancyclus. Alle effort in de strategievorming wordt tenietgedaan, doordat nauwelijks aandacht wordt gegeven aan het daadwerkelijk implementeren van de ontwikkelde strategie.
- Zodra een programma of project wordt gestart, wordt niet meer gemeten of en in hoeverre de onderliggende business case wordt behaald. De primaire focus ligt op het creëren van de gewenste output.

■ TIPS 'N TRICKS

- Voor veel organisaties ligt de voornaamste uitdaging vooral in het ontwikkelen van de visie, missie en strategie. Door juist bij het opstarten en monitoren van initiatieven steeds weer de vraag te stellen op welke wijze het initiatief bijdraagt aan de strategie, worden de visie, missie en strategie daadwerkelijk gebruikt als heldere richting met duidelijke kaders.
- Het creëren van een vaste cadans, in de vorm van jaar/maand/week-cycli, helpt enorm om gedurende de uitvoering van de strategie, steeds weer een stap terug te nemen en de voortgang te valideren ten opzichte van de strategie. Door een stap terug te nemen, het valideren en zo de noodzaak tot aanpassingen op te merken, stelt de organisatie in staat om gezamenlijk snel en wendbaar waarde te leveren.
- Het is niet ongewoon dat gedurende de vorming van de clusters of het introduceren van portfoliomanagement blijkt dat de richting en kaders onvoldoende houvast bieden om in de praktijk te kunnen gebruiken. Neem dan een stap terug, om alsnog op het strategische en tactische niveau helderheid te verschaffen.

- In organisaties waar een groot deel van de informatievoorziening wordt ontwikkeld via een structuur van programma's en projecten, moet de IV-voortbrenging op een gecontroleerde wijze worden ontkoppeld van de programma- en projectstructuur. De aandacht moet worden verlegd van het ontwikkelen van IV-oplossingen naar het iteratief ter beschikking stellen van opgeleverde product incrementen. Op basis van de opgeleverde outcome vanuit de ingebruikname van de product incrementen, moet worden zorggedragen dat daadwerkelijk impact (kan) wordt gemaakt.

28 Snel en wendbaar samenwerken via programma's en projecten

Zijn programma's en projecten niet meer nodig binnen enterprise agility? Het antwoord is: "Absoluut onzin!". In hoofdstuk 2 'De juiste aanpak bij het juiste probleem' hebben we al gezien in welk domein programma's en projecten de optimale aanpak vormen. Maar als we binnen de business veel werken met programma's en projecten (complicated-domein), en binnen de informatievoorziening met veel agile teams (complex-domein), hoe werken deze dan effectief samen? Dat is een belangrijke vraag om te beantwoorden, want wanneer ze niet effectief samenwerken, blijft er van enterprise agility in de organisatie niet veel meer over. Daarom moeten we specifiek kijken naar de interactie tussen de business en de informatievoorziening en hoe we de deze samenwerking succesvol kunnen inrichten.

De business owner focust zich op de behoefte van de business, de programma- of projectmanager focust zich op het invullen van die behoefte en de portfolio owner / product owners richten zich op de ontwikkeling van de IV-oplossing. Hierbij is het scheiden van het wat en hoe vanuit de business en het wat en hoe vanuit de IV absoluut noodzakelijk om enterprise agility te behouden. Door het portfolio, de programma's en projecten onder één set van strategische doelen en kaders te laten werken kunnen belangen van meerdere programma's goed met elkaar worden afgewogen. Door vanuit de portfoliolaag transparant inzicht te verschaffen en dat in combinatie met het verhogen van de voorspelbaarheid te doen, kunnen programma's en projecten op een effectieve wijze samenwerken met de IV-organisatie. Tot slot bieden kort-cyclische opleveringen van IV-product incrementen de programma's en projecten goede mogelijkheden om verschillende subprojecten onderling goed te kunnen coördineren.

■ DE BELANGRIJKE VRAGEN OM UZELF TE STELLEN

- Respecteren de business en de informatievoorziening beide elkaars positie én geven ze elkaar daarbij vrijheid van handelen?
- Zijn we in staat om in een hoger tempo kleinere IV-oplossingen te ontwikkelen, die elk een deel van de behoefte van de programma's en projecten invullen, zodat we gelijktijdig meerdere programma's kunnen bedienen?
- Werken programma's en projecten effectief samen met de portfolio owner aan het zo goed mogelijk afwegen van alle belangen, zowel op het niveau van de programma's en projecten als ook op het niveau van de gehele organisatie?
- Hebben de programma's en projecten een duidelijk beeld over welke behoefte op welk moment noodzakelijk is?

- Zijn programma's en projecten in staat om de kort-cyclisch de opgeleverde product incrementen ook kort-cyclisch in te zetten in de praktijk van de business?

■ HERKENBARE PATRONEN

- De rol van de business focust zich op het vaststellen van de behoefte van de business (het *wat* van de business) terwijl de focus van informatievoorziening ligt op de ontwikkeling van de IV-oplossing (het *wat* van de informatievoorziening).
- Businessprojecten en -programma's zorgen voor de coördinatie rondom meerdere initiatieven die de businessbehoefte zo goed mogelijk invullen (zoals werkprocessen, coördinatie, et cetera) aangezien een IV-oplossing zelden volledig zelfstandig de complete vervulling van de businessbehoefte invult.
- Programma's en projecten zijn dé verantwoordelijke partij binnen de voortbrengingsketen die de focus hebben op de wijze waarop de behoefte (het *hoe* van de business) ingevuld moet gaan worden.
- Binnen enterprise agility werkt de IV-organisatie als ontwikkelende partij van IV-oplossingen separaat van deze programma's. De prioriteit op het invullen van de meest belangrijke behoefte wordt niet vanuit slechts één programma of project opgesteld. De prioriteit moet bepaald worden voor de organisatie als geheel. De portfolio owner heeft daarin een leidende rol en bepaalt welke epic (slice) prioriteit heeft boven alle andere epics.
- Door in een hoger tempo kleinere IV-oplossingen te ontwikkelen die een deel van de behoefte alvast invullen, worden mogelijkheden gecreëerd om meerdere programma's gelijktijdig te bedienen.

■ HERKENBARE ANTI-PATRONEN

- Projecten en programma's worden gebruikt om te voorzien in een continue stroom van kleinere aanpassingen. De overhead in dergelijke projecten en programma's is van een dusdanige omvang dat deze niet opweegt tegen het risico of de complexiteit van deze kleinere aanpassingen.
- Het *hoe* van de IV-oplossing wordt door een programma of project als onderdeel van het *hoe* van de business vastgesteld. Door het vastzetten van de scope wordt de agility van de IV-organisatie sterk ondermijnd, zeker wanneer gelijktijdig ook de aspecten 'tijd' en 'geld' vanuit dit perspectief worden gemanaged.
- Programma's en projecten hebben directe sturing binnen de IV-organisatie, buiten de lijn van het prioriteren via de portfolio en / of de clusters om. Hierdoor wordt de enterprise agility ernstig gehinderd. De prioriteiten voor de IV-organisatie worden dan gelijktijdig op meerdere niveaus vastgesteld, zowel vanuit het portfolio als vanuit de programma's en projecten. Ditzelfde geldt wanneer programma's en projecten individueel zelfstandig de prioriteiten kunnen stellen.
- Programma's en projecten krijgen een eigen set aan clusters en teams 'toegewezen'.

■ TIPS 'N TRICKS

- Als het voor programma's en projecten mogelijk is om afdelingen als Finance, Control, Facilities en Marketing vrij te laten in hoe zij werkzaamheden uitvoeren, dan moet het ook mogelijk zijn dezelfde werkwijze voor het creëren van IV-oplossingen te hanteren.
- Als de programma's en projecten onder dezelfde paraplu van strategische doelen en kaders werken zoals de IV-organisatie dat doet, kan een continue stroom van escalaties worden voorkomen.

- De mate van voorspelbaarheid van de IV-organisatie is gerelateerd aan de transparantie die een programma of project geeft ten aanzien van afhankelijkheden. Zonder deze transparantie wordt het voor een portfolio owner moeilijk om bij het afwegen van de verschillende opties een juist besluit te kunnen nemen.
- Door behoefte- en waarde-gestuurd te gaan werken wordt het mogelijk om, door minder output op te leveren, méér waarde (outcome en impact) te creëren voor de business. Door steeds de bewuste afweging te maken, tussen het verder verfraaien van een oplossing voor de ene set van behoeften en het invullen van de andere set van behoeften, wordt ook de business geholpen met het maken van de juiste afwegingen.
- De subprojecten binnen programma's en projecten hebben vaak verschillende snelheden. Door kort-cyclische opleveringen is het eenvoudiger om het spoor van informatievoorziening te laten aansluiten op de andere sporen. Wanneer werk wordt gemaakt van het specificeren van de businessbehoefte, kan het risico op misalignment adequaat worden voorkomen.

29 Snel en wendbaar samenwerken via de lijnorganisatie

Wanneer de snelheid en wendbaarheid van de IV-organisatie zijn toegenomen, hoeven veel aanpassingen niet via tijdelijke programma's en projecten uitgevoerd te worden. De programma's en projecten kunnen zich volledig richten op de business change, gezien de reeds bestaande structuur voor de ontwikkeling van IV-producten. Het betekent dat de lijnorganisatie zich als opdrachtgever moet gaan ontwikkelen. De lijnorganisatie moet de samenwerking met zowel (tijdelijke) programma's en projecten als met de portfolio owner en product owners goed voor ogen hebben. Juist door deze 'nieuwe' positie van de lijnorganisatie neemt de enterprise agility toe en worden de juiste instrumenten op de juiste plekken gebruikt.

Wanneer de organisatie focus gaat leggen op het inrichten van de primaire/secundaire flow en enabling services is het van essentieel belang om ook gelijktijdig aandacht te besteden aan de transformatie van de lijnorganisatie. De rol van de lijnorganisatie neemt binnen de informatievoorziening sterk toe. Dit is de plek waar de dienstverlening van de IV-organisatie vanuit businessperspectief wordt geborgd. De business blijft met behulp van de lijnorganisatie 'in control' over de inhoud (de informatie) en de verzilvering van waarde, terwijl het IV-voortbrengingsproces de producten voortbrengt waarmee de inhoud zo goed mogelijk kan worden gemanaged. In de praktijk

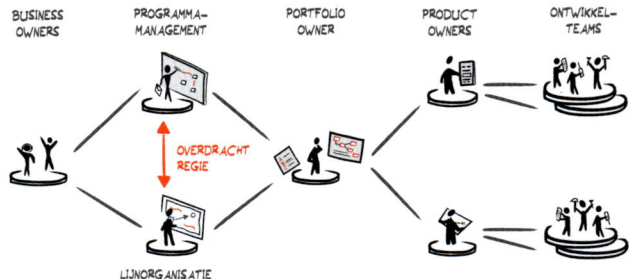

betekent dit dat grote programma's en projecten meer een tijdelijke overname van de regiefunctie van de lijnorganisatie zijn dan een separate eenheid die los van de lijn- en IV-organisaties producten gaan ontwikkelen. Een goed functionerende lijnorganisatie is daarom van essentieel belang om als organisatie de enterprise agility te verhogen.

■ DE BELANGRIJKE VRAGEN OM UZELF TE STELLEN

- Is er in de organisatie nog behoefte aan projecten en programma's voor alleen het ontwikkelen van IV-producten? Zijn de projecten en programma's niet meer nodig omdat de vervulling van de businessbehoefte kort-cyclisch wordt opgeleverd aan de lijnorganisatie?
- Is het eigenaarschap (van de ontwikkeling) van IV-producten naar de meer operationele niveaus in de organisatie verplaatst?
- Is het essentiële verschil duidelijk tussen verschillende vormen van overdracht? Herkennen we duidelijk de overdracht van de in programma's of projecten ontwikkelde IV-oplossingen naar de lijnorganisatie? Herkennen we duidelijk de overdracht van de regie over deze ontwikkelde IV-oplossingen van programma's of projecten naar de lijnorganisatie?

- Begrijpt de organisatie het verschil tussen (IV-)diensten (een transactie waarbij een niet-fysiek goed wordt geleverd), (IV-)producten (een tastbare zaak met een bepaalde waarde) en (IV-)applicaties (specifiek computerprogramma dat ontwikkeld is voor het uitvoeren van een specifieke taak)?

■ HERKENBARE PATRONEN

- Ontwikkelteams zijn verantwoordelijk voor de ontwikkeling, aanpassing en de technische staat van het product. Dergelijke teams zijn in staat om continu in te spelen op de belangrijkste behoeften van de lijnorganisatie, gestuurd vanuit de lijnen die door de business owners worden gedefinieerd.
- Voor de *ontwikkeling en aanpassing* van IV-producten zijn geen projecten of programma's meer noodzakelijk. De verschillende disciplines die voorheen vanuit programma's en projecten werden gecoördineerd zijn ondergebracht binnen vaste teams en rollen in het IV-voortbrengingsproces (of zijn door de sterke reductie van de duur en omvang niet langer meer noodzakelijk).
- Programma's, projecten en de lijnorganisatie zijn de belangrijkste stakeholder voor de (IV-)producten geworden, maar de ontwikkeling en het beheer van de producten blijft onder de verantwoordelijkheid van de (IV-)organisatie vallen.
- Aan het einde van een project of programma wordt de regie van (de ontwikkeling van) een product overgedragen aan de lijnorganisatie. Door het gebruik van een vast team voor de gehele levenscyclus is de kwaliteit van het product hoog, zodat het cluster niet gebukt gaat onder een stroom van incidenten en problemen.
- Er is geen sprake meer van een separate beheerorganisatie. De ontwikkeling en het beheer van producten en diensten vormen een onlosmakelijk geheel, waarbij producten gedurende hun

gehele levenscyclus onder de verantwoordelijkheid van een product owner blijven.

■ HERKENBARE ANTI-PATRONEN
- Bij ingewikkelde trajecten (waarbij meerdere sporen op elkaar moeten worden afgestemd om het beoogde resultaat te bereiken) wordt zowel de regie op de verandering als de operationele uitvoering tijdelijk ondergebracht bij de project- en/of programma-organisatie.
- Aan het einde van een project of programma is er een fysieke overdracht van producten of applicaties vanuit de project-/programma-organisatie naar de (IV-)organisatie.
- Er zijn portfolio owner- of product owner-ondersteunende teams ontstaan die net zo omvangrijk zijn als de ontwikkelteams waar deze rollen mee samenhangen. De complexiteit van dergelijke ondersteunende teams is zo hoog dat elke snelheid die in het proces gewonnen werd teniet wordt gedaan door de complexiteit van de samenwerking.
- De transformatie aan de business-zijde wordt niet gelijktijdig met de transformatie van de IV-organisatie uitgevoerd.

■ TIPS 'N TRICKS
- Als de IV-organisatie diensten in plaats van producten levert aan de business, dan wordt het eerder geaccepteerd dat de producten, de applicaties en de zorg voor die producten en applicaties de verantwoordelijkheid zijn van de IV-organisatie. Met het zorgdragen voor de producten en applicaties is het mogelijk om de afgesproken (IV-) diensten te kunnen uitvoeren.

- Veel van de traditionele rollen worden vaak om- of bijgeschoold ter versterking van de teams, ondersteunende teams, stafafdelingen of ter versterking van de lijnorganisatie. Houd daarbij rekening dat het voor mensen veelgevraagd is om een shift te maken van het complicated-domein naar het complex-domein. Dit is één van de focuspunten die in de transformatieaanpak moet worden meegenomen.
- Om een effectieve samenwerking tot stand te brengen tussen de business en ontwikkelteams kun je gebruik maken van materiedeskundigen. Dit zijn (potentiële) gebruikers vanuit de praktijk die namens grote groepen gebruikers uitspraken kunnen en mogen doen omtrent het gebruik en de wijze waarop hun werkzaamheden zijn georganiseerd. Een materiedeskundige is een informatiebron met toegang tot de werkelijke praktijk.
- Zorg ervoor dat materiedeskundigen niet volledig uit hun huidige functie worden losgeweekt maar dat zij hun (het liefst brede of flexibele) inzet in de operatie van de organisatie combineren met het verkrijgen en ontsluiten van inzichten vanuit de doelgroep.

30 Het direct ondersteunen van alle flows: agile leadership

De snelle, wendbare organisatie vereist een andere vorm van leiderschap. Wanneer de organisatie verandert, maar het leiderschap niet, valt de organisatie binnen no-time weer terug in haar oude gedrag. De focus van het leiderschap verschuift binnen enterprise agility van directe sturing naar indirecte sturing. Het leiderschap werkt aan het creëren van een omgeving waarin de mensen de verantwoordelijkheid willen en kunnen nemen. Een omgeving waarin optimaal geleerd kan worden wat wel werkt en niet werkt in een hoog dynamische omgeving. Het succes, dan wel falen, van de organisatie transformatie waarbij de enterprise agility wordt verhoogd, staat of valt met de wijze waarop het leiderschap zijn nieuwe rol oppakt.

De rol van de leiders binnen enterprise agility is cruciaal om een omgeving te creëren met een sterke focus op zelforganisatie, die onlosmakelijk verbonden is met de autonomy, mastery and purpose. Transformationeel leiderschap is randvoorwaardelijk in organisaties waarin denkkracht en creativiteit de basis vormen voor succes (zoals bij het ontwikkelen en beheren van de informatievoorziening). In snelle, wendbare organisaties hebben de leiders drie belangrijke hoofdtaken:

30 Het direct ondersteunen van alle flows: agile leadership

1. Het creëren van een heldere richting met een visie en doelen,
2. Het creëren van duidelijke kaders waarbinnen individuen en teams maximale ruimte hebben en
3. Het invullen van de noodzakelijke randvoorwaarden zoals tijd, geld en middelen.

Zelforganiserende teams ontstaan niet opeens, maar worden gecreëerd vanuit een stabiele basis, kort-cyclische feedback-lussen en een cultuur van continu leren.

■ DE BELANGRIJKE VRAGEN OM UZELF TE STELLEN

- Is het leiderschap ervan overtuigd dat business en enterprise agility noodzakelijke elementen zijn om als organisatie relevant te blijven in de nabije en verre toekomst?
- Heeft het leiderschap de verantwoordelijkheid voor het inrichten van het systeem? Wordt met dat systeem de agility van een enkel team behouden terwijl de omvang van het systeem is opgeschaald tot het niveau van de gehele organisatie? Is deze verantwoordelijkheid gedelegeerd aan een separaat veranderteam of neemt het leiderschap hier zelf verantwoordelijkheid voor?

- Heeft het leiderschap een actieve rol binnen de transformatie naar meer enterprise agility?
- Is het leiderschap in staat om problemen, die zich gedurende de transformatie voordoen, op een dusdanige wijze snel en daadkrachtig op te lossen waarbij de principes van enterprise agility worden ondersteund in plaats van ondermijnd?
- Investeert het leiderschap tijd, ruimte en energie om zelf de principes en practices van enterprise agility eigen te maken zodat zij impediments op een juiste wijze kunnen oplossen in het systeem?

■ HERKENBARE PATRONEN

- Het leiderschap stuurt de organisatie door het creëren van een heldere richting, duidelijke kaders en het ter beschikking stellen van voldoende middelen, waarbij de primaire flow optimaal op basis van eigenaarschap en zelforganisatie kan functioneren.
- De ontwikkeling van de enterprise agility vindt plaats door middel van een kort-cyclische uitvoering van kleine, concrete en zichtbare stappen. Elke stap moet daarbij resulteren in een aanpassing van de organisatie waarmee de uiteindelijke doelstellingen (beter) worden bereikt: het verhogen van de effectiviteit waarmee de organisatie haar werkzaamheden kan uitvoeren of het verhogen van de snelheid en wendbaarheid waarmee de waarde wordt geleverd.
- Het leiderschap inspireert en motiveert mensen en biedt hen de maximale ruimte om binnen grenzen zelf te kunnen leren, zichzelf te organiseren en eigenaarschap te nemen. Zij creëren een veilige omgeving die voldoende ruimte en uitdaging biedt, waarbinnen professionals kunnen werken. Deze omgeving is overzichtelijk genoeg om niet overweldigd te worden en voor de organisatie niet tot onverantwoorde risico's leidt.

30 Het direct ondersteunen van alle flows: agile leadership

- Er wordt gebruik gemaakt van transformationeel leiderschap, waarmee veel meer nadruk wordt gelegd op het creëren van een omgeving die mensen intrinsiek stimuleert en motiveert (bijvoorbeeld door het hebben van een inspirerende en uitdagende visie, sterke normen en waarden en/ of ruimte voor persoonlijke ontwikkeling).
- Het leiderschap richt zich op het creëren van een omgeving waarin het team zich verantwoordelijk voelt voor het bereiken van de visie of doelstelling, zichzelf daarbinnen kan organiseren en vrijheid van handelen heeft in het bereiken van de visie of doelstelling.

■ HERKENBARE ANTI-PATRONEN

- Tijdens de transformatie wordt de focus vooral gelegd op het organiseren van de primaire flow maar nauwelijks op het inrichten, ondersteunen en optimaliseren van ondersteunende afdelingen.
- Het systeem stimuleert dat de focus van de business vooral ligt op het opleveren van complete IV-producten. Het gevolg hiervan is dat tussentijdse incrementen vaak langdurig 'op de plank' blijven liggen tot het IV-product helemaal klaar is. Er wordt tussentijds niet gevalideerd in de praktijk en de IV-voortbrengingsketen voelt zich niet aangesproken wanneer het product uiteindelijk niet de beoogde outcome levert.
- Het leiderschap delegeert de verantwoordelijkheid voor de transformatie van de organisatie volledig aan een gespecialiseerd veranderteam.
- Volgens het leiderschap gaat het leiden van een organisatie om inhoudelijke kennis, hard werken, zelf oplossingen bedenken, met de vuist op tafel slaan en/of gelijk hebben en krijgen. Als gevolg hiervan is er niet of nauwelijks sprake van een veilige (leer) omgeving voor alle lagen van de organisatie.

- De organisatie wordt geleid op basis van transactioneel leiderschap met als één van de kenmerken de opzet van het verkrijgen van positieve prikkels (belonen) of het voorkomen van negatieve prikkels (straffen), waarbij de prikkels vaak als verrassing achteraf komen.

■ TIPS 'N TRICKS

- Het opstarten van de transformatie kan als een programma worden aangevangen, maar het daadwerkelijk verhogen van de enterprise agility is een uitdaging voor de lange termijn die plaats vindt in het complex-domein.
- Door het ontwikkelen van de competenties van mensen en teams wordt het gemakkelijker om het vertrouwen te ontwikkelen dat deze mensen en teams de juiste resultaten behalen. Ook wanneer zij deze resultaten op een alternatieve wijze bereiken dan, vanuit de kennis en ervaring binnen leiderschap, initieel werd verwacht.
- Geef tijdens het inrichten van de organisatie vooral aandacht aan het creëren van de invulling van de randvoorwaarden om eigenaarschap en zelforganisatie mogelijk te maken.
- Zorg voor het begrip dat een belangrijke rol is weggelegd voor het leiderschap bij het creëren van een heldere richting, het definiëren van duidelijke kaders en het daadwerkelijk invullen van de noodzakelijke randvoorwaarden.
- Als de competenties van de werknemers groeien, moeten over verloop van tijd minder of ruimere kaders worden gehanteerd.

31 Het indirect ondersteunen van alle flows: business support

Business supportafdelingen zijn vaak het vergeten kind binnen enterprise agility. Zij zijn echter belangrijke spelers als het gaat om het creëren van een omgeving waarin enterprise agility echt tot haar recht komt. Het effect van business support mag niet worden onderschat. Om die reden kijken we naar de belangrijkste aspecten van de meest voorkomende business supportafdelingen binnen de organisatie.

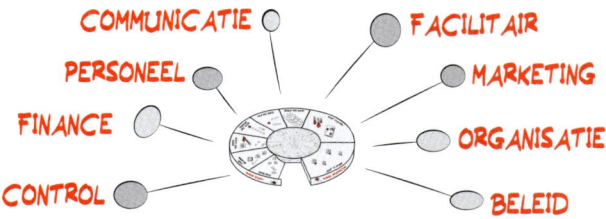

Om enterprise agility te bereiken moeten de business supportafdelingen binnen de organisatie de snelheid en wendbaarheid van de organisatie bekrachtigen en niet ondermijnen. Op gebied van personeel en organisatie moet inzicht verkregen worden in hoe stabiele multidisciplinaire teams het beste kunnen worden ondersteund op het gebied van het verwerven en ontwikkelen van personeel. Op het gebied van finance is het belangrijk om focus te hebben op het financieren van de capaciteit in plaats van op de programma's en producten. Dit kan worden gedaan door middel van het toepassen van concepten als Beyond Budgeting. Op het gebied van control richt de focus zich op het op dusdanige wijze inrichten van de organisatie dat de koers gehouden kan worden en zelfstandig afwijkingen geconstateerd worden. Op het gebied van facilitaire dienstverlening moet inzicht zijn in de sterke effecten van de werkomgeving op effectieve, wendbare teams. Vanuit marketing en communicatie is het belangrijk goed zicht te hebben in hoe het iteratief ontwikkelen van producten effect heeft op het zo snel mogelijk creëren van maximale gebruikerswaarde voor de afnemers.

■ DE BELANGRIJKE VRAGEN OM UZELF TE STELLEN

- Bekrachtigen de business supportafdelingen binnen de organisatie de snelheid en wendbaarheid van de organisatie of worden deze los gezien van (enterprise) agility?
- Ondersteunt en stimuleert de organisatie het ontstaan van T-shaped profielen van medewerkers, een sterke flexibiliteit rondom specifieke kennis en een brede basis? Bestaat deze ondersteuning zowel in het ontwikkelen als het belonen van medewerkers?
- Hoe zorgen we dat niet langer output gefinancierd wordt maar juist de capaciteit gefinancierd wordt die nodig is om impact te maken?
- Hoe creëren we effectieve huisvesting voor samenwerking en interactie in plaats van alleen een efficiënte bezettingsgraad?
- Hoe verbinden we vanuit een afdeling communicatie iedereen in de organisatie met de visie en strategie (alignment) waarbij u ruimte wilt houden voor ieders rol daarbinnen (autonomie)?

■ HERKENBARE PATRONEN

- De focus van de business supportafdelingen ligt op het leveren van indirecte ondersteuning ten behoeve van zowel de primaire/secundaire flow als enabling services. Indirecte ondersteuning betekent dat geen van de flows een directe afhankelijkheid heeft, of ontwikkelt, met deze business supportafdelingen.
- In multidisciplinaire teams verschuift de persoonlijke bijdrage van maximale efficiëntie (de beste persoon voor de beste job) naar maximale effectiviteit (ieder persoon draagt bij aan het meest noodzakelijke voor het team).
- Individuele beloningen zijn verschoven naar het niveau van team-beloningen, waarbij de focus ligt op de ontwikkeling en prestaties van het team als geheel in plaats van de individuele teamleden. De individuele beloningen worden gekoppeld aan de mate waarin een medewerker zich heeft ontwikkeld en, over een gegeven periode, meer skills beheerst of meer diepgang in deze skills heeft ontwikkeld.
- De organisatie maakt gebruik van bijvoorbeeld Beyond Budgeting, waarmee over een langere periode teams, clusters of zelfs hele waardestromen worden gefinancierd in plaats van de het financieren van verschillende initiatieven. De capaciteit staat voor een langere periode vast, waarbij de focus komt te liggen op het maximaliseren van de waarde die door deze capaciteit kan worden geleverd. Dubbele sturingslijnen (budget versus prioriteit) worden binnen de organisatie voorkomen.
- De verantwoordelijke medewerkers, teams of clusters dragen zelf de gevolgen van genomen besluiten en uitgevoerde handelingen, waarbij een goede inrichting van het compliancy-proces borgt dat dit binnen de gestelde regelgeving wordt uitgevoerd.

■ HERKENBARE ANTI-PATRONEN

- Er is een afhankelijkheid tussen business supportafdelingen en de teams in de primaire /secundaire flow of enabling services. Teams en clusters hebben een ingewikkeld netwerk van afhankelijkheden ontwikkelen die de snelheid en wendbaarheid ondermijnen van de organisatie als geheel.
- Individuele performance en productiviteit wordt gebruikt voor het meten van de prestaties van een individuele medewerker in plaats van prestatiemeting van teams als één geheel.
- De inrichting van de organisatie en haar processen is veelal gericht op het afbakenen van functies, functieprofielen en daaraan gekoppelde verantwoordelijkheden. Via RA(S)CI-matrices worden deze rollen en verantwoordelijkheden verder gespecificeerd dan wel formeel vastgesteld en in kwaliteitsmanagementsystemen worden alle processen in detail verder uitgewerkt.
- Budgettering vindt plaats door top-down budgettering of bottom-up budgettering. Het vastgestelde budget en gekoppelde objectives houden nauwelijks rekening met veranderingen na het moment dat het budget is vastgesteld. Dit leidt tot een schaduwboekhouding of het continu her-alloceren van budgetten met alle gevolgen van dien.
- Er is gebrek aan vertrouwen in medewerkers en teams dat zij bewust of onbewust binnen de gestelde kaders blijven. Dit leidt tot verregaande organizational control met een sterk hiërarchische vorm van sturing en/of een afname van de snelheid en wendbaarheid waarmee de flows opereren.

■ TIPS 'N TRICKS

- Verschuif bij personeelsbeleid de focus van het geschikt maken van medewerkers voor vastgestelde functieprofielen naar het stimuleren van continu en levenslang leren, waarbij zowel aandacht is voor de persoonlijke ontwikkeling van de medewerker in het algemeen, als de bijdrage die hij of zij kan leveren aan het team. Maak daarin onderscheid tussen het opleiden en trainen voor persoonlijke ontwikkeling van medewerkers en het opleiden en trainen om een maximale bijdrage te kunnen leveren aan een team.

- Creëer bewustwording over het leveren van maximale waarde (effectiviteit) tegen minimale inspanning (efficiëntie) door actief Lean principes en practices te implementeren binnen de organisatie, en systems thinking te stimuleren.
- Richt effectief batenmanagement in zodat kort-cyclisch inzicht ontstaat over de effecten van de gerealiseerde outcome en de impact die met producten en diensten wordt gemaakt. In het geval geen of onvoldoende impact bereikt wordt met de geleverde incrementen, kan de prioriteit worden bijgesteld.
- Richt kort-cyclische tot realtime feedback-lussen in als een belangrijk instrument om Inspect en Adapt goed en zelfstandig uit te kunnen voeren en daarmee de verantwoordelijkheid niet alleen te krijgen maar ook goed het eigenaarschap te kunnen nemen.

DEEL F
Het management van de transformatie

In deel F verschuift de focus van *wat* we willen inrichten qua enterprise agility naar *hoe* we dit willen inrichten. Een transformatie naar meer enterprise agility kan een enorme impact hebben op de huidige organisatie en vereist een goede veranderaanpak en veranderorganisatie om daadwerkelijk en vooral ook kort-cyclisch impact te maken. De transformatie naar een hogere mate van enterprise agility kan snel worden gestart, maar heeft zowel een korte als een lange termijn-focus nodig om succesvol te worden en te blijven. Door vooral met focus veranderingen door te voeren, en dat te doen specifiek daar waar de grootste impact gemaakt kan worden, blijft het overzicht behouden en zijn de baten van de transformatie al in een vroegtijdig stadium zichtbaar.

32 De noodzaak van transformatiemanagement

Binnen enterprise agility staat het continu verbeteren op basis van Inspect & Adapt centraal. De basis ofwel het startpunt voor het continu verbeteren moet expliciet worden ingericht. Het is belangrijk dat: er voldoende aandacht is voor het doel en de kaders van de transformatie, in de organisatie een gedegen inzicht is in de opzet en werking van de onderliggende principes van enterprise agility en dat de veranderingen specifiek en met focus op outcome en impact worden doorgevoerd.

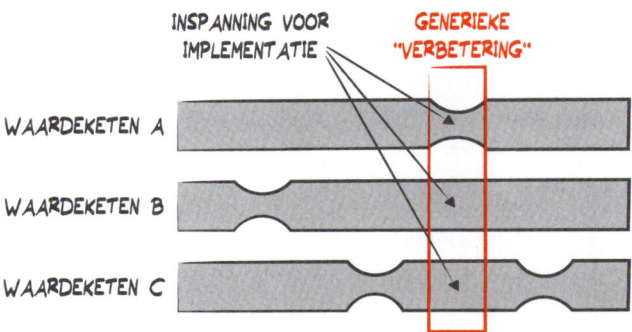

Een organisatie met een hoge mate van enterprise agility is in staat zichzelf continu te verbeteren. Het creëren van deze omgeving vereist sterk transformatiemanagement om het vliegwiel op gang te brengen. Organisaties zijn namelijk complex adaptieve systemen waardoor losse initiatieven in veel gevallen niet tot duurzame verandering leiden. Zelforganiserende teams binnen deze organisaties ontstaan niet vanzelf maar worden gecreëerd vanuit: een stabiele basis, kort-cyclische feedback-lussen en een cultuur van continu verbeteren. Enterprise agility wordt pas bereikt wanneer de volledige flow van gebruikerswens tot en met het in productie houden van de gerealiseerde gebruikerswensen snel en effectief werkt. In een gemiddelde organisatie betekent dit dat, op veel verschillende plekken, initiatieven in samenhang moeten worden uitgevoerd. Elke organisatie moet de principes van enterprise agility toepassen op haar eigen situatie, waarbij onderscheid wordt gemaakt tussen het **wat** (de principes) en het **hoe** (de specifieke invulling vanuit de organisatie). Transformatiemanagement richt zich op het in werking krijgen van het vliegwiel door binnen de organisatie de randvoorwaarden te creëren waarmee enterprise agility kan worden bereikt.

■ DE BELANGRIJKE VRAGEN OM UZELF TE STELLEN

- Is de organisatie in staat zichzelf continu en op de juiste wijze verder te ontwikkelen?
- Is er continu aandacht voor het doormaken van de juiste paradigma shifts als het gaat om het verhogen van de enterprise agility binnen de organisatie? Maken we shifts in de wijze waarop we denken en werken zoals de focus hebben op teams in plaats van het individu en het brengen van werk naar de mensen in plaats van de mensen organiseren rondom het werk?

32 De noodzaak van transformatiemanagement

- Zijn bestaande sturings- en verantwoordingslijnen binnen de organisatie zo georganiseerd dat ze zelforganisatie van teams ondersteunen of juist tegenwerken?
- Hebben interventies (kort-cyclische verbeteringen) direct impact op de resultaten (impact, outcome, output, proces, input) van de waardeketen, zodat de baten van de tijdsinvestering direct inzichtelijk zijn?
- Is er voldoende aandacht voor de cultuur, structuur en werking van de organisatie bij de transformatie, of wordt een one-size-fits-all oplossing geïmplementeerd?

■ HERKENBARE PATRONEN

- De transformatie draagt er zorg voor dat zoveel mogelijk van de effort en aandacht van de teams terecht komt bij het ontwikkelen van de juiste producten.
- De angst om fouten te maken wordt overwonnen en gezien als een kans om te leren. De impact van fouten is daarin gering, en dezelfde fouten worden niet voor een tweede keer gemaakt. Fouten worden gezien als een bron van informatie en deze informatie zorgt ervoor dat we leren.
- Werkzaamheden worden uitgevoerd door vaste stabiele teams in plaats van tijdelijke projectteams, waardoor de organisatie op een stabiele, voorspelbare wijze kan reageren op een continue stroom aan veranderingen.
- Het transformatiemanagement geeft, gedurende een periode van ingrijpende verandering, voldoende begeleiding om als ankerpunt voor alle betrokkenen te kunnen dienen.
- Er is een basis gecreëerd waarin verschillende entiteiten binnen de organisatie hun performance continu en kort-cyclisch kunnen valideren door effectief ingerichte feedback-lussen.

■ HERKENBARE ANTI-PATRONEN

- Er worden alleen oppervlakkige aanpassingen geïmplementeerd, zoals het hanteren van nieuwe benamingen of het toevoegen van nieuwe bijeenkomsten, zonder dat een directe relatie duidelijk is met de resultaten van de teams, afdelingen en organisatie.
- Er wordt gewerkt met een gecentraliseerde jaarplanning voor de transformatie, waarin nieuwe inzichten direct tot een verstoring leiden van het jaarplan. Het transformeren van organisaties bevindt zich per definitie in het complex-domein.
- Er wordt teruggevallen op het gebruik van best practices uit het complicated-domein, in plaats van het gebruik van het ontdekken van nieuwe practices binnen het complex-domein. Opties worden daarbij niet of nauwelijks getoetst aan de onderliggende principes van enterprise agility.
- Veranderingen worden gelijktijdig in alle waardeketens doorgevoerd, waardoor de meeste waardeketens vooral de kosten ervaren en slechts enkele (daar waar het aspect de bottleneck oplost) de baten van een verandering ervaren.
- Geschaalde agile frameworks worden 'out of the box' gebruikt voor de volledige transformatie van de organisatie, met als gevolg dat vooral oppervlakkige gedragingen vanuit een theoretische basis zichtbaar zijn, maar de essentie van de organisatie nauwelijks verandert.

■ TIPS 'N TRICKS

- Door het ontwikkelen van zelforganisatie kan de sturing en besluitvorming in de primaire flow worden belegd, waardoor de vertragende werking van ingewikkelde sturings-, besluitvormings- en verantwoordingslijnen tot een minimum wordt gereduceerd.

- Door het creëren van een heldere richting en duidelijke kaders wordt voldoende speelruimte gecreëerd om principes uit het complex-domein op een juiste en verantwoorde wijze te kunnen doorvoeren
- Voer de transformatie bewust en gericht op specifieke organisatieonderdelen/-ketens uit, in plaats van in de breedte over de gehele organisatie.
- Transformatiemanagement helpt de organisatie door het toepassen van het act – assist – answer principe, waarbij zij een andere werkwijze initieel inrichten en uitvoeren, deze vervolgens samen uitvoeren en later op afstand kunnen bijspringen wanneer dit noodzakelijk is.
- Voer veranderinitiatieven binnen de waardeketen uit in samenhang en houd rekening met het herhaalbaar of uitbreidbaar kunnen uitvoeren binnen de gehele organisatie. Streef hierbij niet naar een generieke, perfecte oplossing, maar optimaliseer veranderinitiatieven naarmate deze vaker worden uitgevoerd.

33 Het verschil tussen agile doen en agile zijn

Door het 'agile out of the box' implementeren van geschaalde frameworks ontstaat vaak een fenomeen bekend als cargo cult. Als je rondkijkt binnen de organisatie 'spat de agility ervan af' door nieuwe meetings, visuele borden en andere terminologie. Maar als je één slag dieper kijkt en hier en daar wat doorvraagt, blijft er nauwelijks iets over van de onderliggende principes van agility. We doen vooral agile, maar op geen enkele wijze is er sprake van daadwerkelijke agility. Als u echt het succes wilt meten van de transformatie naar een hogere mate van enterprise agility, onderzoek dan eens hoe snel een nieuw initiatief door de organisatie kan worden ontwikkeld, hoe snel de organisatie kan overschakelen naar een ander initiatief en op welke wijze de waarde van deze initiatieven wordt vastgesteld.

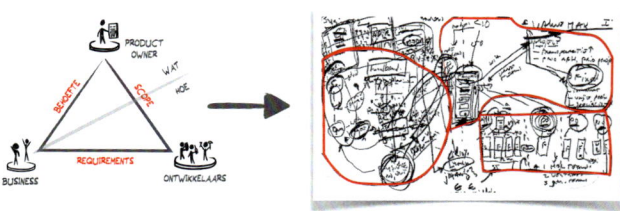

In plaats van een organisatie die 'agile doet' leidt een succesvolle transformatie naar een organisatie die 'agile is'. Een transformatie gaat niet over een oppervlakkige verandering maar een diepgewortelde aanpassing van de opzet en werking van de organisatie. Wanneer een organisatie kiest voor een topdown Plan | Execute implementatie van de transformatie leidt dit tot een overdaad aan kaders, richtlijnen en 'best practices'. De nadruk op het volgen van de uitgebreide kaders, richtlijnen en playbooks of het als product implementeren van een framework, creëert een cultuur van volgers die een sterke overeenkomst heeft met de eerdergenoemde cargo cult.

Uitgebreide specificaties van enterprise agility leiden zelden tot een daadwerkelijke verhoging van de enterprise agility. Die uitgebreide specificaties leiden wel tot aanwijsbare anti-patronen gedurende de transformatie. Een organisatie die haar enterprise agility wil verhogen moet dus in een vroegtijdig stadium 'de kunst van het weglaten' onder de knie krijgen, de activiteiten continu relateren aan de onderliggende principes en dat vervolgens toe blijven passen op alles wat de medewerkers doen. Om de transformatie in beweging te krijgen is een hoge mate van transfer en energie noodzakelijk. Een organisatie die 'agile is' in plaats van 'agile doet' besteedt significant tijd om niet alleen te produceren maar ook om medewerkers te trainen, te coachen en te begeleiden bij het ontwikkelen van inzichten in de wijze waarop de algemene principes en hun practices een bijdrage leveren aan de werking van de gehele organisatie. Het resultaat is een organisatie die sneller leert, waarin eigenaarschap en zelforganisatie hand in hand gaan en helpen om de heldere richting op te gaan binnen de daarbij gehanteerde duidelijke kaders.

■ DE BELANGRIJKE VRAGEN OM UZELF TE STELLEN

- Worden nieuwe structuren, gedragingen en tools in een korte periode uitgerold binnen de organisatie of wordt juist geïnvesteerd in een goed begrip van de opzet en werking van enterprise agility?

- Bestaat er binnen de organisatie werkelijk begrip voor de onderliggende principes en bedoeling bij de rituelen (wat leidt tot intrinsieke motivatie) of wordt vooral gestuurd op de uitvoering (wat leidt tot extrinsieke motivatie)?
- In welke mate wordt uniformiteit (een gelijksoortige wijze van handelen) verward met standaardisatie (kaders uitgeschreven als instructies), waardoor mensen mogelijk in een keurslijf worden gedrukt die niet past gegeven hun specifieke context?
- In hoeverre durft men bestaande patronen los te laten? Nieuwe patronen te adopteren? Hoelang blijft de organisatie in een 'twilight zone' hangen?
- Valt het leiderschap bij afwijkingen en problemen binnen de organisatie terug op best practices van vóór de transformatie of gebruiken zij juist de nieuwe inzichten vanuit enterprise agility om deze afwijkingen en problemen opgelost te krijgen?

■ HERKENBARE PATRONEN

- Niet alleen de uiterlijke verschijnselen van agility worden gekopieerd. Enterprise agility is niet een verzameling van activiteiten, het is een 'way of life', waarbij mensen de onderliggende bedoeling en de uiteindelijke effecten van hun doen en laten begrijpen.
- Er bestaat binnen de organisatie alignment op basis van een heldere richting en autonomie op basis van een beperkte set essentiële kaders (in plaats van compliance op basis van een uitgebreide set van kaders en richtlijnen).
- De organisatie wordt stapsgewijs meegenomen in de onderliggende principes van enterprise agility, beginnend op één niveau binnen één enkele waardeketen en wordt gecontroleerd uitgebreid, waarbij alle betrokken mensen stapsgewijs worden meegenomen in de verandering.

- De organisatie besteedt veel tijd om mensen te trainen, coachen en faciliteert het 'sparren' om de betrokkenen te laten begrijpen en te laten bijdragen aan wat we met de organisatie willen bereiken.
- De drive van teams om beter in te spelen op de behoefte van de business, de klanten en de markt komen geheel voort uit hun intrinsieke motivatie.

■ HERKENBARE ANTI-PATRONEN

- De organisatie kiest bewust voor een top-down Plan | Execute-implementatie wat leidt tot een overdaad aan kaders, richtlijnen en best practices.
- De organisatie heeft complete, gedetailleerde beschrijvingen hoe de organisatie (in ieder geval op papier) zou moeten werken in plaats van een beperkte set van principes en richtlijnen.
- Het eigenaarschap wordt volledig ondermijnd, het persoonlijk nadenken uitgezet en focus op het gewenste resultaat verdwijnt naar de achtergrond.
- Het uitgebreid specificeren van een organisatie ingericht voor enterprise agility leidt zelden tot het verhogen van de enterprise agility en vaak alleen maar tot grote problemen gedurende de transformatie.
- Trajecten waarin de transformatie om enterprise agility te verhogen worden uitgevoerd als een serie van oppervlakkige veranderingen, waarbij successen worden gevierd omdat we 'lekker met elkaar bezig zijn geweest' en 'energie in de ruimte is ontstaan'.

■ TIPS 'N TRICKS

- Door middel van sterk transformatiemanagement kunnen we zorgdragen dat de organisatie wordt getransformeerd naar een organisatie die 'agile is' en daarmee een hogere mate van enterprise agility heeft ontwikkeld.
- Het gevaar van te vervallen tot 'agile doen' zit verscholen in een behoefte aan concrete taakgerichte sturing. Het gestructureerd implementeren van een set aan best practices is veel eenvoudiger dan het ontwikkelen van de juiste mindset en het doen van interventies om de keten op de juiste onderdelen te verbeteren. Terwijl het veel meer intensieve inzet vraagt is het ontwikkelen van de juiste mindset bij alle betrokkenen wél wat nodig is voor een effectieve transformatie.
- Een organisatie die haar enterprise agility wil verhogen moet in een vroegtijdig stadium 'de kunst van het weglaten' onder de knie zien te krijgen en vervolgens toe blijven passen op alles wat zij doet. Onderzoek regelmatig wat er moet gebeuren of wat er nodig is om regels, wetmatigheden en bijbehorende activiteiten als vanzelf in het organisatiesysteem te integreren.
- Door het creëren van medewerkers als 'leiders' in plaats van als 'volgers' neemt de kans op een succesvolle transformatie sterk toe. Wanneer alle medewerkers zich kunnen en mogen gedragen als leiders hebben zij het vermogen om bij obstakels en problemen de manieren te vinden om de beoogde effecten binnen het grotere geheel te behalen.
- Als wordt gekozen voor de implementatie van een good practice die past bij de onderliggende bedoeling en principes van enterprise agility, bied dan ook de praktische ondersteuning bij het in werking krijgen van deze good practice.

34 Een effectieve veranderaanpak

Waar begint een transformatie voor een hogere enterprise agility in de organisatie? Bij leadership commitment? Bij een enkel team? Bij een waardeketen? Bij de strategie? Naast het organiseren van een aantal randvoorwaarden voor de transformatie, ligt de focus vooral op het aanpassen van die aspecten in het huidige organisatiesysteem die nu de grootste blokkade vormen voor het vergroten van de snelheid en wendbaarheid van de organisatie of de waardeketens als geheel. Want juist als we die blokkade weten weg te nemen, ervaren we direct de baten van de investering van de transformatie en valideren we ook op de juiste wijze de impact van onze output en outcomes.

PLAN		EXECUTE		INSPECT & ADAPT		BASIS
BUSINESS-IDENTIFICATIE	**PURPOSE OBJECTIVES** / ...	**TEAM-IDENTIFICATIE**	**PROFESSIONEEL ONTWIKKELEN** / ...	**FEEDBACK-CYCLI**	**LIFE LONG LEARNING** / ...	**GENERIC**
Sponsoren (commitment)	Heldere richting	Product Owners	Mindset / ...	Primaire flow	Skills matrices / ...	Portfolio-management
Business owners	Duidelijke kaders / ...	Ontwikkelaars	Hulpmiddelen	Secundaire flow	Trainingen	Lean budgetting
Materie-deskundigen	OGSM/OKR-structuur	Self-assessments	Standaarden	Basis flow	Crash courses	Operating Model
Kaderstellers	Waardeketens		T-shaped samenwerken	Output metrics	Knowledge center	Controls
Verandering-behoefte	Metrics		Software-architectuur	Outcome metrics	Product Owner Community	...
Roadmap			Continuous integration	Impact metrics	Scrum Master Community	
...			...			

Een effectieve veranderaanpak is cruciaal om overzicht te houden in de complexiteit van organisatorische transformaties. De keuze voor een transformatie naar enterprise agility is binair van aard: veranderen of niet veranderen zijn beide goed, half veranderen heeft ernstige consequenties. Een consistente houding en gedrag vormt een belangrijke katalysator voor de effectiviteit van de veranderaanpak. Het is daarbij belangrijk om problemen altijd te erkennen en de oplossing te baseren op patronen vanuit enterprise agility in plaats van enkel en alleen op het bestrijden van oppervlakkige symptomen. Standaard verandermethodieken bieden voldoende handvatten voor een effectieve transformatie, mits rekening wordt gehouden met de specifieke eigenschappen en onderliggende principes van enterprise agility. De effectieve veranderaanpak ondersteunt de transformatie naar meer en meer agility vanuit een optimale balans. Die balans moet gezocht worden tussen: de juiste dingen doen (do the right thing), de dingen op de juiste manier doen (do the thing right) en continu leren (Inspect & Adapt) met extra aandacht voor de onderliggende principes en randvoorwaarden behorende tot enterprise agility.

Die effectieve veranderaanpak ontwikkelt focus binnen de organisatie op het doen van 'de juiste dingen' door in het bestaande organisatiesysteem het maken van juiste keuzes te ondersteunen. Een effectieve veranderaanpak ontwikkelt eveneens de executiekracht in het organisatiesysteem om deze keuzes ook op de juiste wijze uit te voeren. Door het inbedden van Inspect & Adapt op alle niveaus van de organisatie wordt een cultuur gecreëerd van continu verbeteren, leren en bijstellen. Door het in werking brengen van het onderliggende '(organisatie)systeem' worden de randvoorwaarden gecreëerd om de rol voor de zorg voor het systeem vanuit het transformatiemanagement over te dragen aan de organisatie zelf. Het verhogen van de enterprise agility vereist zogenaamde expansiekracht: de meeste effort is nodig om de weerstand tegen de eerste stap te overkomen.

■ DE BELANGRIJKE VRAGEN OM UZELF TE STELLEN

- Zijn de randvoorwaarden voor de transformatie voldoende ingericht om de daadwerkelijk transformatie te kunnen aanvangen, zoals: commitment, visie, strategie, verandermethodiek, veranderorganisatie, verwachte impact, et cetera?
- Hoe staat de organisatie ten opzichte van de transformatie? In welk stadium van de emotional cycle of change bevinden verschillende groepen zich binnen de organisatie?
- Wat voor voormalige en nieuwe (anti-)patronen zijn in de organisatie aanwezig? Zijn deze tegenstrijdig en/of belemmerend?
- Zijn de drie kernelementen, do 'the right thing', do 'the thing right' en 'Inspect & Adapt' ook op organisatieniveau ontwikkeld? Wordt daarbij aandacht besteed aan de principes en randvoorwaarden?
- Is er een fixed of een growth mindset aanwezig in de organisatie?

■ HERKENBARE PATRONEN

- Door de bottlenecks voldoende aandacht te geven gedurende de transformatie en de bijbehorende activiteiten regelmatig te valideren op hun effect wordt gewerkt aan een toekomstbestendige implementatie in plaats van een oppervlakkige en vaak tijdelijke interventie.
- Er is focus op het doen van de juiste dingen vanuit een effectieve veranderaanpak als het gaat om de inhoud van de waardestromen, het IV-voortbrengingsproces, het verhogen van business agility en ook de veranderaanpak zelf.

- In de organisatie wordt continu herhaald wat de nieuwe richting is en wat de daarbij behorende regels zijn, waarbij alle stakeholders van de transformatie worden meegenomen.

■ HERKENBARE ANTI-PATRONEN

- In de situatie dat het eigenaarschap en de zelforganisatie binnen teams verder ontwikkeld moeten worden, en wanneer het bijbehorende mandaat niet binnen het team wordt gelegd, ontstaat een dusdanig sterke afhankelijkheid met de mandaathouder, dat hiermee automatisch de gewenste eigenaarschap en zelforganisatie worden ondermijnd.
- Het mandaat voor productontwikkeling laten bestaan in een programma- en projectorganisatie terwijl het eigenaarschap en zelforganisatie vanuit de transformatie bij het ontwikkelingsteam wordt ingericht, is één van de vele voorbeelden waarin de transformatie half wordt doorgevoerd en leidt tot een enorme stroom van problemen en frustraties.
- Er wordt verteld wat de nieuwe werkwijze is, maar voorbeeldgedrag wordt niet getoond, waardoor het niet helder is waarom dingen anders moeten en waar dat naartoe gaat leiden.
- Er is niet bewust aandacht voor de ontvankelijkheid van alle betrokkenen, waarmee de mate van ontvankelijkheid, vanuit het onderbewuste, zich een steeds grotere rol gaat verschaffen in het ondersteunen of tegenwerken van de verandering.
- De coaching organisatie, waaronder de Scrum masters, gebruiken in de praktijk vaak essentiële Scrum-onderdelen niet of onvolledig en zijn inconsistent met het gebruik van patronen en best practices. Deze inconsistentie ondermijnt de transformatie naar de juiste mindset, die bij enterprise agility hoort.

■ TIPS 'N TRICKS

- Het is beter om één waardeketen met volledige expansiekracht te transformeren dan meerdere waardeketens met beperkte expansiekracht.
- Op basis van een eenduidige keuze vanuit de verschillende verandermethodieken kunnen de noodzakelijke veranderingen worden doorgevoerd.
- Wanneer daadwerkelijk de gewenste effecten worden bereikt en mensen zelf een goed beeld hebben van de uitwerking en hun bijdrage daaraan, is de verandering daadwerkelijk geborgd in de organisatie.
- Wanneer de teams of clusters in staat zijn om op effectieve en efficiënte wijze producten te ontwikkelen maar de backlogs zelf zijn opgebouwd met bijna contractueel vastgelegde werkpakketten, dan is het belangrijk om juist snelheid en wendbaarheid in het product backlog management te organiseren. Met deze interventie wordt er aan een betere balans gewerkt tussen het juiste doen, het op de juiste wijze doen en het continu leren.

35 Een effectieve veranderorganisatie

Organisatie-brede veranderingen doet u er niet 'even' bij. Het vereist veel aandacht om zowel de vaart er in te houden, als ook de grootste impediments zo snel mogelijk op te lossen. Mensen, teams en afdelingen hebben ondersteuning nodig om nieuwe en bestaande problemen op een effectieve manier aan te pakken. Zeker wanneer de ervaring nog ontbreekt hoe dergelijke problemen op basis van nieuwe, andere principes op te lossen. De veranderorganisatie helpt op verschillende niveaus om met begeleiding ervaring op te doen met een nieuwe, andere manier van organiseren.

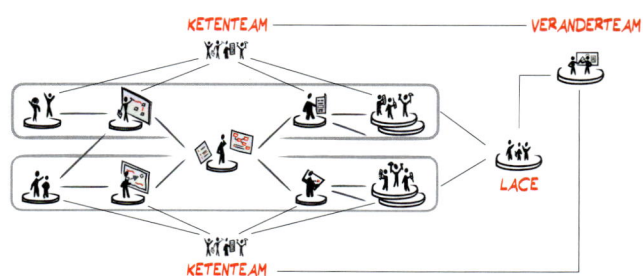

35 Een effectieve veranderorganisatie

Het creëren van een effectieve veranderorganisatie is noodzakelijk om de transformatie op gang te krijgen en houden. Het transformatieteam is de groep binnen de organisatie vanuit waar de transformatie wordt geleid. Het Lean Agile Center of Excellence (LACE) is de entiteit die de organisatie tijdens de transformatie begeleidt. Het ketenteam binnen een waardeketen is verantwoordelijk voor het succesvol implementeren van de veranderingen en het oplossen van eventuele impediments. De verantwoordelijkheid voor een succesvolle uitvoering tijdens en na de verandering ligt binnen de primaire/ secundaire flow en enabling services. Door de scope en complexiteit van transformaties is het hebben van een goed overzicht en het bijhouden van een veranderboekhouding van groot belang.

■ DE BELANGRIJKE VRAGEN OM UZELF TE STELLEN

- Heeft het transformatieteam het volledige mandaat vanuit het leiderschap van de organisatie om daadwerkelijk veranderingen in de organisatie, de structuur, de cultuur en way of working door te voeren? Draagt het leiderschap van de organisatie de verantwoordelijkheid voor het succes van de transformatie?
- Hoe kunnen we ontwikkelde kennis, vaardigheden en ervaring met de nieuwe wijze van werken binnen de organisatie breder toegankelijk maken, zodat we niet alleen zelf leren maar ook kunnen leren van anderen?
- Is er binnen het ketenteam, veranderteam en het LACE genoeg teamgevoel en vertrouwen in elkaar om gezamenlijk de noodzakelijke veranderingen in de organisatie door te voeren?
- Hebben we een duidelijk beeld van wat het de organisatie oplevert als de verandering (transformatie) is gelukt? En ook wat het resultaat is als het ons niet is gelukt?

■ HERKENBARE PATRONEN

- Door het tijdelijke karakter van het transformatieteam wordt deze vaak als programma aan de organisatie gekoppeld onder verantwoordelijkheid van de directie. Door de directe relatie wordt het gebrek aan mandaat voorkomen en kunnen eventuele politiek gevoelige impediments gezamenlijk kort-cyclisch worden aangepakt.
- Het LACE ondersteunt veranderingen vanuit het act – assist – answer principe. Een goede uitvoering hiervan zorgt dat het eigenaarschap op de verandering bij de betrokkenen zelf blijft liggen.
- Het ketenteam organiseert de verandering zelfstandig en actief, op basis van een continue Inspect & Adapt-cyclus.
- Een gestarte verandering heeft over het algemeen tijdelijk een negatieve impact op een of meerdere businessresultaten, maar door het veranderen van de meest blokkerende onderdelen worden de baten ook kort-cyclisch zichtbaar.

■ HERKENBARE ANTI-PATRONEN

- De transformatie wordt naast de reguliere werkzaamheden en alle bijbehorende operationele druk uitgevoerd, waardoor de voortgang van de transformatie vrijwel altijd tot stilstand komt door de operationele omstandigheden.
- Het LACE neemt de transformatie volledig over van de organisatie in plaats van het ondersteunen van de transformatie, waardoor het eigenaarschap van de transformatie buiten de primaire/secundaire flow en enabling services komt te liggen.
- Het LACE biedt niet het juiste platform voor vaardigheden en inzichten, waardoor het wiel in elke omgeving opnieuw wordt uitgevonden en worden belangrijke inzichten die opgedaan worden in de praktijk onvoldoende gedeeld.

- Er wordt niet of nauwelijks ruimte gecreëerd voor opleidingen, trainingen, informatiesessies of onderlinge begeleiding, waardoor al snel een situatie ontstaat waarin de verandering half wordt doorgevoerd. Dit leidt tot een sterke toename van de weerstand of het ontstaan van risico's door een halfslachtige uitvoering van de verandering.

■ TIPS 'N TRICKS

- Houd rekening met het feit dat niet het doel maar de bijbehorende resultaten (effect) voorop blijven staan in een transformatie en dat veranderingen daadwerkelijk een bijdrage leveren aan de impact die de organisatie wil gaan maken. Meet de resultaten van de transformatie en maak ze bekend.
- Een goed ingerichte Obeya helpt bij het creëren van snelle besluitvorming, reduceert herwerk/heroverwegingen en het vermindert onnodige discussies. Obeya is een Japanse term en betekent: 'grote ruimte'. Hierbij wordt een ruimte ingericht waar het team snel tot goede beslissingen kan komen over de aanpak en ontwikkeling van de nieuwe producten/diensten.
- Zorg dat er binnen het LACE een goede balans is tussen interne medewerkers (die voor interne kennisborging zorgen) en externe medewerkers (die ervaring met eerdere transformaties inbrengen) en zet het LACE in als opleidings- en trainingscentrum zodat leerstof op de praktijk van uw organisatie afgestemd kan worden.
- Zorg dat het ketenteam eerst transparantie creëert over de voortbrenging binnen de gehele waardeketen om daarna workshops te organiseren waarin projecten worden geanalyseerd zodat waardeketen-brede impediments geïdentificeerd en opgelost kunnen worden.

- Zoek de uitdaging of oplossing niet in het mechanisme om problemen op de juiste manier te structureren of te routeren maar zoek de oplossing in het organiseren van de executiekracht in het organisatiesysteem om zo problemen daadwerkelijk in de praktijk op te lossen.

36 Het direct ondersteunen: coaching community

Effectief veranderen doe je niet alleen. Scrum masters en agile coaches zijn het meest herkenbaar als het gaat om directe begeleiding van teams, afdelingen en de organisatie als geheel. Maar ook ervaringsdeskundigen helpen de transformatie, in de rol van ambassadeurs, met het geven van praktische inzichten doordat zij zelf de verandering hebben doorlopen. Door het goed organiseren van deze communities kunnen medewerkers, teams, afdelingen en de organisatie direct en praktisch worden ondersteund als het gaat om het grondig adopteren van de nieuwe wijze van werken.

Het op dagelijkse basis observeren, spiegelen, begeleiden en eventueel corrigeren naar gewenst effectief gedrag binnen de gehele organisatie vereist een organisatie-brede community van ervaringsdeskundigen op het gebied van Lean, agility en gedragscoaching. Deze community vormt een baken om iedereen houvast te bieden gedurende de transformatie en daaruit voortvloeiende veranderingen van praktische aard. In de praktijk bestaat deze community vaak uit Scrum masters, coaches en ambassadeurs op het gebied van (enterprise) agility. Door de actieve verbinding van deze community met elkaar, de ketenteams en het transformatieteam wordt de (vaak lokale) focus gericht op de meest essentiële onderdelen van de transformatie van dat moment. Het transformatieteam richt zich daarbij op welke (grotere) veranderingen waar en op welk moment worden uitgevoerd. De ketenteams werken hand in hand met deze community voor het ondersteunen van de wijze waarop de verandering wordt uitgevoerd in de praktijk van de keten. Daar waar het transformatieteam een tijdelijk karakter heeft om het vliegwiel binnen de organisatie op gang te brengen, heeft deze community samen met het LACE een langdurig karakter om enterprise agility over een langere periode te borgen.

■ DE BELANGRIJKE VRAGEN OM UZELF TE STELLEN

- Als het spannend wordt tijdens de transformatie en mensen de contra-intuïtieve veranderingen als ongemakkelijk en spannend ervaren, kunnen zij dan terugvallen op een coaching community om ze te helpen de rust en volharding in zichzelf te (her)pakken die ze nodig hebben om de volgende stappen te zetten?
- Gebeurt het ondersteunen van de transformatie op dagelijkse basis in stilte en op de achtergrond of gebeurt het met zoveel bombarie en echo dat de verandering lijkt te draaien om het

transformatieteam in plaats van de gewenste effecten van de transformatie?
- Hoe organiseer je eenduidig de aanpak vanuit de community? Werkt de community door middel van 'rust, reinheid en regelmatigheid' als een baken in de uitdagende periode waarin de transformatie plaatsvindt? Hoe biedt de community houvast gedurende de serie van veranderingen die in de organisatie plaatsvinden?
- Beschikken we over een transformatieteam dat verantwoordelijkheid neemt voor het ondersteunen van de transformatie en de grotere veranderingen binnen de organisatie dirigeert?

■ HERKENBARE PATRONEN

- Het ondersteunen van de transformatie en het op dagelijkse basis begeleiden van de veranderingen gebeurt in stilte en op de achtergrond.
- Een continue serie van kleine tot microscopische mindset-interventies worden gehanteerd om paradigma shifts binnen groepen te veroorzaken.
- De agile coaches ondersteunen de organisatie met het adopteren en het in de praktijk brengen van het gedachtegoed van (enterprise) agility. De primaire focus van de agile coaches ligt daarin op het niveau van de IV, waarin effectieve vormen van samenwerking moet worden gecreëerd tussen verschillende clusters.
- Het transformatieteam is verantwoordelijk voor de transformatie en dirigeert de grotere veranderingen die binnen de organisatie worden uitgevoerd. De kernteams zijn verantwoordelijk voor de opzet en werking van de gehele waardeketen en het doorvoeren van alle veranderingen binnen de waardeketen.

■ HERKENBARE ANTI-PATRONEN

- Mensen in de rol van Scrum master of agile coach worden onterecht aangesproken op het feit dat ze 'niets' doen of bij escalaties en problemen 'met hun handen in de zakken blijven staan'. (Het is overigens een goede houding het probleem te benoemen en het team te helpen zelf een oplossing te vinden in plaats van problemen voor hen te gaan oplossen.)
- Een coach neemt de uitvoering over van de coachee (degene die begeleid wordt door een coach) en gaat actief bijsturen of het stuur overnemen wanneer hij of zij ziet dat het resultaat niet wordt bereikt, en komt hierdoor in de rol van uitvoerder en niet van coach.
- Scrum masters richten zich te veel op de afzonderlijke teams en hebben onvoldoende tijd voor het opleiden, trainen en coachen van de organisatie in haar Scrum adoptie.
- Agile coaches en Scrum masters lopen elkaar in de praktijk regelmatig in de weg in plaats van gezamenlijk op te trekken in de toch al complexe transformatie.
- Het transformatieteam heeft een continu karakter en bereidt zich onvoldoende voor om zich te ontmantelen als het vliegwiel binnen de organisatie eenmaal op gang is. Hierdoor komt het LACE onvoldoende in positie om een langdurige rol in de borging van enterprise agility in te nemen.

■ TIPS 'N TRICKS

- Wanneer op verschillende plekken veranderingen worden doorgevoerd, is het van belang om ook directe ondersteuning voor het transformatie- en veranderingsproces in te regelen in de organisatie. Maak hierbij gebruik van de coaching community bestaande uit Scrum masters, agile coaches en ambassadeurs.

- Stimuleer het delen van de persoonlijke ervaringen van ambassadeurs. Dit bevestigt aan anderen in de organisatie dat zij niet de enige zijn met twijfels, problemen of uitdagingen maar dat het mogelijk is om ondanks alle 'beren op de weg' toch goede stappen kunnen worden gemaakt.
- Zorg ervoor dat eenieder (agile coach, Scrum master, ambassadeur en ervaringsexpert) respect heeft voor elkaars rollen, taken en verantwoordelijkheden en dat je als community zicht hebt op de effecten die in de gehele keten (moeten) worden bereikt.
- Tenzij het handelen van de coachee echt desastreuze gevolgen heeft, laat als coach gebeuren wat er gebeurt, zodat op basis van ervaringen kan worden geleerd (stimuleer de leerervaring achteraf, en zo snel mogelijk na het handelen van de coachee).

37 Het indirect ondersteunen: learning community

Als we sneller moeten leren, hoe organiseren we dat dan? Door te investeren in learning communities. Met learning communities worden kennis, kunde en ervaring sneller gedeeld en ontwikkeld binnen de organisatie. Het zorgt ervoor dat we niet continu in dezelfde valkuilen belanden en het delen helpt bij het versnellen van de transformatie. Learning communities kennen vele vormen met elk hun voor- en nadelen. Een aantal van de voorkomende vormen is essentieel om de transformatie te ondersteunen, maar daarnaast is het verstandig ook ruimte te geven aan spontaan ontstane communities. De communities ondersteunen niet alleen kennis en praktische vaardigheden, maar hebben vaak ook een praktische rol in het ontwikkelen en aanpassen van beleid of kaders.

Met een sterke focus op specifieke producten en multidisciplinaire teams mag de aandacht voor individuele specialisatie en overkoepelende kennisgebieden niet ondergesneeuwd raken. Om die reden is het belangrijk om naast het werken aan de meeste waardevolle behoefte (purpose) ook continu aandacht te blijven besteden aan continu leren (mastery). Door middel van verschillende Communities of Practice (CoP) worden op basis van een breed scala aan relevante onderwerpen mensen samengebracht. Voor elke CoP worden duidelijke doelstellingen vastgesteld. Het delen van

37 Het indirect ondersteunen: learning community

kennis, kunde en ervaringen tussen individuen en teams kan met behulp van practice coaches en tiger teams georganiseerd worden, waarbij de focus ligt op het overdragen van kennis en ervaring in plaats van het uitvoeren van specialistische werkzaamheden. Vanuit kennismatrices krijgen individuen en teams inzicht in de aanwezige en gewenste competenties. Daarmee neemt de noodzaak toe om als organisatie meer op maat gerichte opleidings- en trainingsbehoefte te organiseren. Het buddy learning concept wordt gebruikt om met elkaar diepgaand inzicht in aansprekende materie te ontwikkelen. Ook alternatieve vormen die het vakmanschap verhogen moeten door de organisatie zoveel mogelijk worden ondersteund.

■ DE BELANGRIJKE VRAGEN OM UZELF TE STELLEN
- Wordt er naast het werken in multidisciplinaire teams ook actief geïnvesteerd in het ontwikkelen van kennis en vaardigheden? Op welke wijze is de ontwikkeling van kennis en specialismen binnen de organisatie geregeld? Hoe wordt het continu leren actief uitgedragen?

- Is er bij het opzetten van een Community of Practice (CoP) een duidelijke doelstelling geformuleerd met waarom en waartoe de CoP is opgericht?
- Op welke wijze kunnen de opleidingen en trainingen het best verzorgd worden en welke vormen vinden de beste aansluiting bij de verschillende leerstijlen?
- Hebben medewerkers de mogelijkheid om periodiek onderwijsleermiddelen aan te schaffen zoals boeken, een licentie of toegang tot een specifieke informatiebron?
- Is mijn organisatie bekend met andere creatieve methodieken zoals de hackathon, open space en mob programming om aan te zetten tot actief en gezamenlijk leren?

■ HERKENBARE PATRONEN

- Er wordt actief geïnvesteerd in het ontwikkelen en onderhouden van kennis en vaardigheden. Daarmee wordt voorkomen dat kennis en vaardigheden in aanzienlijk tempo achteruitgaan aangezien ontwikkelingen elkaar razendsnel opvolgen in het domein van kenniswerkers en moderne technologie.
- Het ontwikkelen van vakmanschap is een belangrijke enabler voor de organisatie (en wordt niet gezien als iets dat mensen naast hun werk er nog maar even bij moet doen).
- Als voor de meerderheid van de Community of Practice (CoP) de leerdoelen zijn bereikt, nemen de hoeveelheid activiteiten af. Wanneer een CoP steeds minder wordt geraadpleegd, wordt er gekeken welke informatie mogelijk op andere wijze geborgd moet worden, voordat de CoP definitief ten einde komt.
- De organisatie investeert in practice coaches wanneer specifieke gaten worden geconstateerd bij een beperkt aantal medewerkers.

- Het buddy learning concept wordt gebruikt om met elkaar diepgaand inzicht in aansprekende materie te ontwikkelen. Je merkt bij buddy learning dat, omdat de buddies zelf hun onderwerp kiezen, de intrinsieke motivatie maximaal wordt gestimuleerd.

■ HERKENBARE ANTI-PATRONEN

- Door een sterke focus op specifieke producten en multidisciplinaire teams, raakt de aandacht voor individuele specialisatie en overkoepelende kennisgebieden ondergesneeuwd.
- Er is een aantal superspecialisten in de organisatie waar al het specialistische werk heengaat. Hierbij vormen een paar specialisten de bottleneck voor teams om zelfstandig hun producten te kunnen ontwikkelen.
- De organisatie stelt haar teams samen uit minder gekwalificeerde medewerkers en investeert niet of nauwelijks in learning communicaties. De gevolgen hiervan zijn binnen zes tot negen maanden zichtbaar door de nauwelijks toegenomen en zelfs vaak afgenomen snelheid van iteraties.
- Na het inzichtelijk maken van de aanwezige en gewenste competenties, wordt er geen invulling gegeven aan de geconstateerde behoefte.

■ TIPS 'N TRICKS

- In het complex-domein is het belangrijk dat zowel theorie en praktijk als doen en denken in balans zijn. Geef daarom ruimte om te kunnen experimenteren, fouten te maken, fouten te herstellen en voor de interactie tussen collega's over een breed scala aan onderwerpen.
- Het duidelijk afbakenen van de Communities of Practice (CoP) zorgt dat de juiste collega's met de juiste verwachtingen worden aangetrokken.

- Hef na het ontwikkelen van de eerste proof of concepts het tiger team op en laat de specialisten terugkeren naar hun eigen team met alle geleerde inzichten, kennis, vaardigheden en ervaring.
- Om in een extreem korte tijd een kennisgat te dichten over een specifiek onderwerp of techniek, kan er gekozen worden voor de zogenaamde 'crash courses' of 'bite-size trainingen'.
- Een kostenefficiënte vorm waarin diepgaande kennis en vaardigheden worden ontwikkeld, is buddy learning. Vaak sluiten de onderwerpen bij buddy learning sterk aan bij de dagelijkse praktijk en organiseert het actief het concept van 'zelf leren door het anderen te leren'.

Literatuur

(Appelo, 2011)
Appelo, J. (2011). *Management 3.0: Leading agile developers, developing agile leaders*. Addison-Wesley.

(Beck et al, 2001)
Beck, K., et al. (2001) *The Agile Manifesto*. Agile Alliance. http://agileManifesto.org/

(Bell & Orzen, 2011)
Bell, S. C., & Orzen, M. A. (2011). *Lean IT: Enabling and sustaining your lean transformation*. CRC Press.

(Brooks, 1982)
Brooks, F. p. (1982). *Mythical Man-month: Essays on Software Engineering*. Addison Wesley

(Cohn, 2015)
Cohn, M. (2015). *User stories applied for Agile Software Development*. Addison-Wesley.

(Hope & Fraser, 2014)
Hope, J., & Fraser, R. (2014). *Beyond budgeting how managers can break free from the annual performance trap.* Harvard Business Review Press.

(Jacka, 2009)
Jacka, J. M., & Keller, P. J. (2009). *Business process mapping improving customer satisfaction.* Wiley.

(Kim et al., 2018)
Kim, G., Behr, K., & Spafford, G. (2018). *The Phoenix Project: A Novel About IT, DevOps, and helping your business win.* IT Revolution.

(Kotter, 2012)
Kotter, J. P. (2012). *Leading change.* Harvard Business Review Press.

(Larman & Vodde, 2022)
Larman, C., & Vodde, B. (2022). Overview. Large Scale Scrum (LeSS). Retrieved February 6, 2022, from https://less.works/

(Marquet & Parsa, 2016)
Marquet, L. D., & Parsa, E. (2016). *Gooi Het Roer om!: Leiderschap creëren op elk niveau binnen organisaties.* Boom.

(Mendelow, 1991)
Mendelow, A. L. (1991). *Stakeholder mapping.* Proceedings of the 2nd International Conference on Information Systems, Cambridge, MA., 10–24

(Miller & Page, 2007)
Miller, J. H., & Page, S. E. (2007). *Complex adaptive systems: An introduction to computational models of Social Life.* Princeton University Press.

(Patton & Economy, 2014)
Patton, J., & Economy, P. (2014). *User storymapping*. O'Reilly.

(Pichler, 2011)
Pichler, R. (2011). *Agile productmanagement with scrum: Creating products that customers love*. Addison-Wesley.

(Pink, 2019)
Pink, D. H. (2019). *Drive : De verrassende waarheid over wat ons motiveert*. Business Contact.

(Reinertsen, 2009)
Reinertsen, D. G. (2009). *The Principles of Product Development Flow: Second Generation Lean Product Development*. Celeritas.

(Schwaber & Sutherland, 2020)
Schwaber, K., & Sutherland, J. (2020). What is Scrum? Scrum Guides. Retrieved February 6, 2022, from https://scrumguides.org/

(ScrumPlop, 2022)
Published patterns - Scrum of Scrums. Published Patterns - Scrum of Scrums. (n.d.). Retrieved February 6, 2022, from https://sites.google.com/a/scrumplop.org/published-patterns/product-organization-pattern-language/scrum-of-scrums

(Senge, 2009)
Senge, P. M. (2009). *The fifth discipline: The Art and Practice of the Learning Organisation*. Currency Doubleday.

(Snowden & Boone, 2007)
Snowden, D.J. & Boone, M.E. (2007). A leader's framework for decision making. Harvard Business Review. Retrieved March 3, 2022, from https://hbr.org/2007/11/a-leaders-framework-for-decision-making

(Stacey, 1996)
Stacey, R. D. (1996). *Complexity and creativity in organizations*. Berrett-Koehler Publishers.

(Wake, 2003)
Wake, B. (2003). INVEST in Good Stories, and SMART Tasks. XP123. Retrieved March 6, 2022, from
https://xp123.com/articles/invest-in-good-stories-and-smart-tasks/

(Womack et al., 2007)
Womack, J. P., Jones, D. T., & Roos, D. (2007). *The machine that changed the world*. Free Press.

Nieuwsgierig en wil je meer weten?

In het boek *Enterprise Agility – Een effectieve transformatie op basis van principes en practices* nemen wij je, met vele malen meer diepgang dan in deze pocketguide, mee naar hoe jouw organisatie enterprise agility op een effectieve wijze kan ontwikkelen. In logische stappen van schaalvergroting nemen we de lezer mee om vanuit de onderliggende principes, via snelle wendbare teams en onderlinge samenwerkingsverbanden de enterprise agility binnen de gehele organisatie te ontwikkelen. Met iedere stap wordt inzicht gegeven

op welke wijze de uitdagingen van het adopteren van enterprise agility op een effectieve wijze opgelost worden, zonder daarbij als organisatie op snelheid en wendbaarheid in te boeten.

Het boek *'Enterprise Agility – Een effectieve transformatie op basis van principes en practices'* is in 2022 verschenen. We hopen dat deze pocketguide versie van het grote boek u met vergelijkbaar inzicht en inspiratie helpt om een effectieve transformatie te (be)geleiden die daadwerkelijk tot impact leidt.